GISELA BARCHE • SIEGFRIED HIMMER

TOSKANA

KÜCHE, KULTUR UND MENSCHEN

Ch - Classico
1990
12-2-91

GISELA BARCHE • SIEGFRIED HIMMER

TOSKANA

KÜCHE, KULTUR UND MENSCHEN

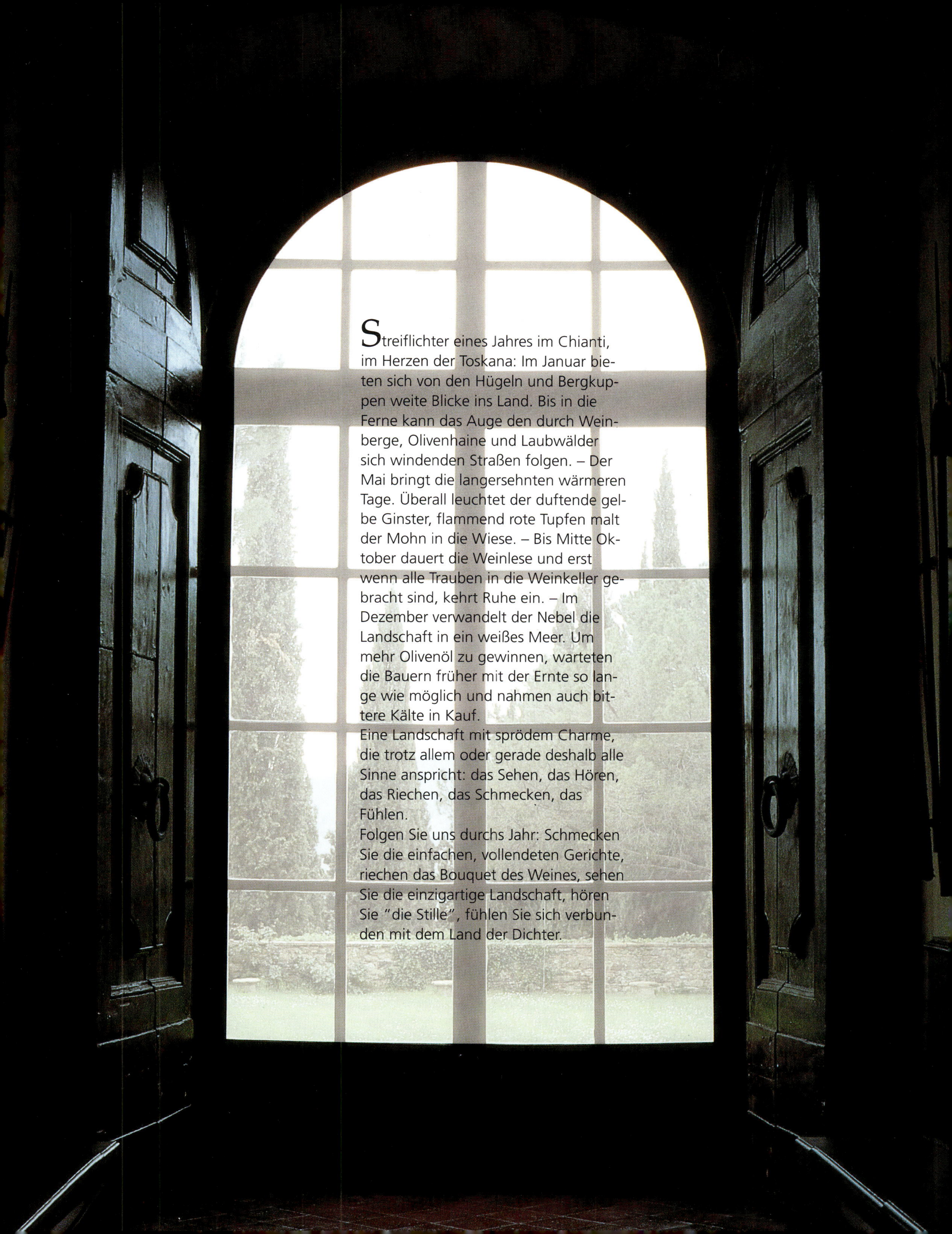

Streiflichter eines Jahres im Chianti, im Herzen der Toskana: Im Januar bieten sich von den Hügeln und Bergkuppen weite Blicke ins Land. Bis in die Ferne kann das Auge den durch Weinberge, Olivenhaine und Laubwälder sich windenden Straßen folgen. – Der Mai bringt die langersehnten wärmeren Tage. Überall leuchtet der duftende gelbe Ginster, flammend rote Tupfen malt der Mohn in die Wiese. – Bis Mitte Oktober dauert die Weinlese und erst wenn alle Trauben in die Weinkeller gebracht sind, kehrt Ruhe ein. – Im Dezember verwandelt der Nebel die Landschaft in ein weißes Meer. Um mehr Olivenöl zu gewinnen, warteten die Bauern früher mit der Ernte so lange wie möglich und nahmen auch bittere Kälte in Kauf.

Eine Landschaft mit sprödem Charme, die trotz allem oder gerade deshalb alle Sinne anspricht: das Sehen, das Hören, das Riechen, das Schmecken, das Fühlen.

Folgen Sie uns durchs Jahr: Schmecken Sie die einfachen, vollendeten Gerichte, riechen das Bouquet des Weines, sehen Sie die einzigartige Landschaft, hören Sie "die Stille", fühlen Sie sich verbunden mit dem Land der Dichter.

Inhalt

Der Inhalt dieses Buches läßt sich nicht in klassische Gliederungspunkte fassen. Denn die Rezepte sind dem Jahresverlauf des Lebens in der Toskana angepaßt. Sie sind also ein Abbild der Speisen dieser Gegend Italiens, die sich natürlicherweise aus dem saisonalen Angebot an Lebensmitteln ergeben.

Chianti, das kulinarische Herz der Toskana 8

Der Jahreszyklus 30

Chianti, das kulinarische Herz der Toskana

Zwei Herren hat diese Region. Il Signor Vino und Il Signor Olio regieren mit sanfter Hand und helfen ihrem Volk, sich kulinarisch zu entfalten. Das Ergebnis ist eine einfache Küche, die aber durch klaren Geschmack und die Güte der Grundnahrungsmittel eine überragende Qualität erhält. Die Portionen und die Zusammenstellung der Speisen zeigen das für den Toskaner typische Maßhalten. Was die Menschen im Chianti jedoch nicht daran hindert, sich hin und wieder in vollen Zügen einem fürstlichen Festmahl hinzugeben.

Geographisch gesehen schafft die überwiegend hügelige Landschaft in gemäßigtem Mittelmeerklima für die gesamte Region sehr ähnliche Voraussetzungen. Eine Ausnahme bilden nur die hohen Bergzonen des Appenin und die Küstenstreifen am Meer mit dem ehemals sumpfigen Gebiet der Maremma. In mühseliger Arbeit wurde die ganze Landschaft des Chianti in Jahrhunderten von den Menschen geformt und fruchtbar gemacht.

Das köstliches Olivenöl bestimmt die Küche der Region, wobei die hervorragende Qualität erlaubt, ja sogar empfiehlt, einen feinen Strahl kalt gepreßten Öls zur letzten Geschmackssteigerung über das Gericht zu gießen. Ein Brauch, der sich in diesem Maße in keiner anderen Gegend Italiens findet.

Auch der Wein erreicht in verschiedenen Gebieten der Toskana hohe bis ausgezeichnete Qualität. Neben den diversen Anbaugebieten des Chianti wie Montalbano und Colli Fiorentini (beide in der Umgebung von Florenz), Colli Senesi (Umgebung von Siena), Colli Aretini (Umgebung von Arezzo), Colline Pisane (Umgebung von Pisa) und Colline Pistoiesi (Umgebung von Pistoia) seien noch die Spitzenweine Brunello di Montalcino und Vino Nobile di Montepulciano erwähnt.

Viel Sorgfalt verwendet man auf den Anbau von Gemüse, häufig gibt es noch den privaten kleinen Gemüsegarten, in dem das ganze Jahr über gearbeitet wird. Frische Kräuter wie Salbei, Rosmarin und Basilikum, die zur Würze der Gerichte unentbehrlich sind, stehen

aber auch auf dem Fensterbrett jeder Stadtwohnung.

Die toskanische Küche mit ihren frischen Gemüsen, würzigen Kräutern und feinsten Ölen ist trotz jahrhundertealter Tradition jung, ja geradezu modern. Wer Vegetarier ist, findet eine Vielfalt von schmackhaften Speisen ohne Fleisch und wer Fleisch schätzt, kann Gerichte von der Taube bis zum Wildschwein probieren.

Auf hervorragendes Fleisch wird in der ganzen Toskana Wert gelegt. Besonders beliebt ist das zarte, schmackhafte Fleisch der weißen Rinder des Chiana Tales.

Ein ausgezeichneter Beweis dafür, wie gesund die heutige Küche ist, sind die vielen über hundertjährigen Bürger der Region. Es sind die meisten im Vergleich zu anderen Provinzen Italiens. Die Toskana kann zugleich als beispielhaft für die berühmte mediterane Diät angesehen werden, deren Hintergrund kurz erläutert werden soll. Vom amerikanischen Senat war 1977 eine Komission von Ernährungswissenschaftlern und Ärzten beauftragt worden, eine alternative Ernährung für die amerikanische Bevölkerung zu entwickeln. Die herkömmlichen Eßgewohnheiten hatten zu einem Überhandnehmen von Krankheiten wie Fettsucht, zu hohem Blutdruck und Arterienverkalkung geführt. Die Wissenschaftler unterbreiteten ein Ernährungsprogramm, das mit pflanzlichem Öl (besonders Olivenöl), Gemüse, Getreide und Früchten genau den Speisegewohnheiten der Mittelmeerländer entsprach und darum mediterane Diät genannt wurde.

Die in diesem Buch vorgestellte Küche des Chianti ist nur ein Beispiel aus einer reichen Region und viele Gerichte werden auf ähnliche Art und Weise auch in anderen Gegenden der Toskana angeboten. Aber das Chianti ist nicht nur ein beliebiges Beispiel. Es liegt in der Mitte, im Herzen der Toskana.

Der außergewöhnlich steinige Untergrund der hügeligen Region läßt die Pflanzen nicht übermäßig groß werden, verleiht ihnen jedoch eine ausgeprägte Geschmacksintensität. Zudem bringt der Meereswind, der über die Region streicht, eine gewisse salzige Würze, was die Gemüse, den Wein und das Olivenöl zusätzlich aromatisiert. Nur hier findet sich der allen anderen Chiantisorten überlegene Chianti Classico und das delikateste Olivenöl.

Die auch heute noch weitgehend als Agrarlandschaft genutzte Natur mit ihren einsam gelegenen Bauernhäusern, Burgen und Villen läßt fast vergessen, wie nah das Chianti an Florenz und Siena liegt. Dabei war und ist der Einfluß beider Städte bestimmend für die Geschichte des Chianti.

In engem Austausch mit den beiden Stadtstaaten Florenz und Siena entwickelte sich in Villen und Bauernhäusern eine Küche von spezieller Qualität, die durch eine Art rustikaler Eleganz gekennzeichnet ist. So stieß ein einfaches Bauerngericht wie die Panzanella (siehe Rezept Seite 17), das Baron Riscasoli, der berühmte Staatsmann und Förderer des Chiantiweines dem italienischen König anbot, auf allerhöchste Anerkennung. „Eine Küche der Armen, die auch auf den Tischen der Könige ihren Platz finden kann."

Die Entstehung der Region im Mittelalter illustriert eine hübsche Sage und – wie so häufig in diesem Gebiet – spielt das Essen oder besser das Futter eine wichtige Rolle. Die Geschichte verbrämt auf liebenswürdige Art und Weise die über Jahrhunderte dauernden blutigen Auseinandersetzungen zwischen Siena und Florenz, unter denen das Chianti mit seinen befestigten Burgen als Grenzland sehr gelitten hat.

Zwischen Florentinern und Sienesen war ausgemacht worden, daß am frühen Morgen nach dem ersten Hahnenschrei je ein Reiter von Florenz und einer von Siena aufbrechen sollte, an der Stelle, wo beide aufeinander träfen, sei die Grenze zu ziehen. Die Florentiner gaben ihrem Tier am Abend nichts zu fressen, worauf der Hahn am nächsten Morgen besonders früh krähte und der Reiter bis über Castellina hinaus kam, ehe er dem Sienesen begegnete.

Dieser schwarze Hahn (Gallo Nero) erreichte unsterblichen Ruhm. Er wurde zum Wappentier des Verteidigungsbündnisses der „Lega del Chianti" und später Sinnbild der Winzergenossenschaft des Chianti Classico.

Mit dem Verteidigungsbündnis versuchten die Florentiner nach ihrem Sieg die Region neu zu organisieren. So wurde die Bevölkerung der oberen Täler des Pesa und des Arbia zur „Lega del Chianti" vereint, die man dreiteilte: Das Gebiet um Radda, um Castellina und um Gaiole. Von der mächtigen Stadt Florenz und dem besiegten Siena ging auch nachhaltiger Einfluß auf die kulinarische Entwicklung des Chianti aus. Führend war die Rolle der Städte im Bereich der Künste von der Literatur bis zur Architektur, wobei die „arte culinaria", die hohe Kunst, die besten Speisen köstlich zuzubereiten und bei festlichen Banketts großartig zu präsentieren, nicht zu vergessen ist.

Ein etwas ausführlicherer Blick auf die Speisetische des Sieneser und Florentiner Patriziats führt den Leser nicht nur ein in die Tradition der Hauptstadt der Toskana, die für kurze Zeit auch Metropole von Italien war, sondern vermittelt zugleich eine knappe Übersicht über die Geschichte der Eßkultur des Abendlandes allgemein.

PANZANELLA

Salat mit Brot

Restaurant:
Il Girarrosto

250 g 2 Tage altes Mischbrot
2 Tomaten
1 kleine Zwiebel
1 Stengel Staudensellerie
4-5 Salatblätter
7 Basilikumblätter
50 g Kapern
evtl. 1 Möhre
4 EL Olivenöl
1-2 EL Rotweinessig
Salz

Das Brot in Scheiben schneiden, in Wasser einweichen, ausdrücken und in eine Schüssel legen. Gewaschene Tomaten und abgezogene Zwiebel in Würfel schneiden, ebenso den Sellerie. Die Salat- und Basilikumblätter abspülen, grob zerteilen und alles zusammen mit den Kapern und evtl. der kleingeschnittenen Möhre zum Brot geben und vermischen. Den Salat mit Olivenöl, Rotweinessig und Salz vermengen und sofort servieren.

Tip: Dieses Gericht schmeckt gut in den heißen Monaten Juli und August.

La ribollita

Bohnensuppe

(Giovanni a Lazzeri
Bäuerliche Küche)

500 g getrocknete weiße Bohnen
Wasser
Salz
1 große Zwiebel
1 Stange Sellerie
1 Bund Petersilie
2-4 EL Olivenöl
1 mittlerer Wirsing
1 EL Tomatenmark
Pfeffer
200 g altbackenes Weißbrot (2-3 Tage alt)

Die weißen Bohnen 10-12 Stunden in Wasser einweichen, eine Prise Salz hinzufügen. Die Bohnen gut abspülen, in einen Topf geben,mit der doppelten Menge Wasser bedecken und zum Kochen bringen. Bei geringer Hitze 2 Stunden garen lassen. Zwiebel, Sellerie, Petersilie putzen, waschen und fein hacken. In einem zweiten Topf in wenig Olivenöl goldgelb dünsten. Den Wirsing putzen, waschen, in 10 cm breite Streifen schneiden und 10 Minuten mitdünsten. Die gekochten weißen Bohnen mit der Flüssigekeit durch ein Sieb passieren oder mit der Schneidstab pürieren. Mit Tomatenmark, Salz und Pfeffer würzen und 1 Stunde bei niedriger Hitze garen. Gemüse und Bohnenpüree vermischen, evtl. mit Salz und Pfeffer und auch Tomatenmark abschmecken. In eine Suppenschüssel das in dünne Scheiben geschnittene Brot geben und die Bohnensuppe darübergießen. Zur „Echten Ribollita" wird diese Suppe erst, wenn man sie am nächsten Tag mit etwas Olivenöl aufwärmt.

Hinweis: Sobald das Bohnenpüree hinzugefügt wurde, muß man vorsichtig umrühren, da sich die Bohnen leicht am Topfboden festsetzen. Die Kruste gilt als besonderer Leckerbissen.

Viele wesentliche Impulse gingen im Laufe der Zeit von beiden Städten aus, angefangen von der Vielfalt der Nahrungsmittel über deren Zubereitung bis zu Tafelschmuck und Tischsitten. Bezeichnend für die Eßkultur der Gegend ist, daß das erste in italienischer Sprache geschriebene Kochbuch aus dem Chianti kommt: Verfaßt wurde es im vierzehnten Jahrhundert von einem anonymen Autor und spiegelt allein, wie es seiner Zeit entsprach, die Eßkultur der oberen Gesellschaftsschicht wieder.

Die Küche der Patrizier im Mittelalter, die der Autor in fast 200 Rezepten der Nachwelt überliefert hat, unterscheidet sich in vielem vom heutigen Essen. Man reichte die Speisen z.B. auf runden ungesäuerten Fladenbroten, die gerade so fest gebacken sein mußten, daß sie nicht zerkrümelten und zum anderen weich genug, um die Saucen aufzusaugen, denn es wurden nur wenige Teller verwendet und noch allgemein mit den Händen gegessen.

Eine große Zahl an Fleischgerichten von Wild- und Haustieren sind aufgeführt, die heute noch in ähnlicher Weise zubereitet werden: im Kamin gegrillt, gekocht oder auch in einer Teighülle gegart. Exotisch mutet die Zubereitung eines Kranichs oder eines Pfauen an, die, gekocht und dann wieder zusammengesetzt, herrlich ausstaffiert im Federkleid präsentiert wurden. – Eine langwierige Arbeit, so daß das Fleisch, bevor es gegessen werden konnte, häufig schon leicht verdorben war. Die Mägen der mittelalterlichen Vorfahren waren nicht sehr empfindlich. Eine ganz eigene Note aber bekamen Gemüse- wie Fleischgerichte durch die reichliche Verwendung von Gewürzen. Die Vorliebe für intensive Mischungen hat verschiedene Gründe. Die diversen Gewürze erfüllten eine hygienische Funktion, da sie die Speisen konservierten, und gleichzeitig den Verdauungsprozeß unterstützten.

Florentiner und Sieneser Unternehmen spielten eine wichtige Rolle im internationalen Gewürzhandel und sandten Schiffe um die ganze Welt. Der Transport und der Verkauf der Spezereien aus dem Orient und aus Indien brachte hohe Gewinne ein. Pfeffer, Safran, Zimt, Muskatnuß und Nelken waren sehr kostbar und der großzügige Griff in die Gewürzdosen galt überdies als Statussymbol.

Welche Gerichte der mittelalterlichen Küche finden sich noch heute auf dem Speisezettel des Chianti?

Die berühmteste Spezialität aus Siena, der Panforte, stammt aus dieser Zeit. Früher wurde er „Panpepato", d.h. gepfeffertes Brot, genannt und wies eine etwas andere Zusammensetzung auf. (Erinnert sei an die Pfefferkuchen in Deutschland).

Ansonsten werden Spezereien selten verwendet. In einer etwas eigenwilligen Zusammenstellung tauchen sie noch in einem alten Stärkungstrunk, der „Ginestrata", siehe Seite 20/21, auf.

Der Florentiner Dante prangerte Anfang des 14. Jahrhunderts in seiner „Göttlichen Komödie" die Genußsucht der Sieneser an und hebt als negatives Beispiel den Bankierssohn Niccolo di Salimbeni aus Siena hervor, der sein ganzes Vermögen in üppigen Banketten mit Freunden verpraßte; luxuriös ließ er u.a. Fleisch über kostbaren Spezereien grillen und reines Gold in der Küche verwenden.

Aber die Kritik an der Schwelgerei war keineswegs auf Siena beschränkt. Auch die Bußprediger anderer Städte widmeten sich ausführlich dem Thema. Der hohe Fleisch- und Weinkonsum pro Kopf in Florenz und Siena sprachen für sich.

Die großartigen Bankette der Florentiner Renaissance waren nicht nur wegen der Vielfalt köstlicher Speisen berühmt, sondern auch auf Grund der Präsentation der Speisen.

Bekannt für die Extravaganz ihrer Dekorationen, die mit gewisser Ironie in Szene gesetzt wurden, war Anfang des 16. Jahrhunderts die „Eßgesellschaft" einer Künstlergruppe die „Topfgesellschaft", zu der Künstler wie Andrea del Sarto, der Maler und Freund Michelangelos, zählten.

La Ginestrata

Stärkungstrank

(Giovanni Righi-Parenti,
Küche der Villa)

2 Portionen

2 Eier

1 EL Zucker

250 ml (1/4 l) Hühner-Kraftbrühe

3 EL Vin Santo (ital. Dessertwein)

Zimt

Muskatnuß

1 EL Butter

Die Eier trennen, das Eiweiß steif schlagen, das Eigelb mit dem Zucker verschlagen. Dann beides mit der Brühe und dem Vin Santo vermischen und mit feingemahlenem Zimt und geriebener Muskatnuß würzen. Dieses Gemisch in einen kleinen Keramiktopf geben und bei sehr kleiner Hitze unter ständigem Umrühren langsam erhitzen, nach und nach etwas Butter zugeben, bis die Flüssigkeit gerinnt und cremig aussieht. Tip: Diesen Trank in die beiden schönsten Tassen des Hauses gießen und leicht mit Muskatnuß und etwas Zucker bestäubt servieren – ein Triumph!

Andrea del Sarto übertraf alle seine Kollegen, indem er bei seinem eigenen Festmahl „einen Tempel mit acht Fassaden darbot, ähnlich wie San Giovanni (die bedeutende Taufkirche in Florenz), auf zwei Porphyrsäulen gestützt, die zwei Würste waren, mit Sockeln und Kapitellen aus Parmesankäse. Das Dachgesims war aus Zuckerteig, die Empore aus Marzipanvierteln und der Fußboden aus buntem Gallertmosaik". Im Tempel hatte er „ein Notenpult aus Kalbfleischscheiben" untergebracht, auf dem ein „Lasagne-Buch" lag; Pfefferkörner bildeten Noten und Buchstaben. Im Chor saßen die Chorherren, „gebratene Drosseln mit geöffneten Schnäbeln, in Kutten aus Schweinsdärmen", dahinter eine Gruppe von Sängern, bestehend aus „fetten Gartenammern und gebratenen Tauben".

Tiefgreifende Veränderungen der europäischen Ernährung erfolgten nach der Entdeckung Amerikas. Die Seefahrer brachten aus der neuen Welt bis dahin unbekannte Gemüsesorten mit. Bei der anschließenden Verbreitung der neuen Gemüse spielten die Medici eine zentrale Rolle. Sie bemühten sich als eine der ersten um den Anbau der neuen Tomaten, Kartoffeln und weißen Bohnen in ihren Gärten.

Tomaten und Kartoffeln galten allerdings zunächst noch als Zierpflanzen und wurden erst später als Gemüse verwendet. Nur die weißen Bohnen schätzte man sehr bald. Als Katherina von Medici nach Frankreich ging, um die Frau des zukünftigen französischen Königs zu werden, führte sie als kostbare Brautgabe Säcke mit Samen von weißen Bohnen mit sich, die bald in ganz Frankreich beliebt waren. Heute zählen Tomaten und weiße Bohnen zu den wichtigsten Gemüsen des Chianti. Die gutem Essen zugeneigte Katherina ließ sich von den besten Köchen und Konditormeistern begleiten, da sie in der Fremde nicht auf ihre heimatlichen Speisen verzichten wollte. Der Einfluß dieser Florentiner Köche auf die Entwicklung der französischen Küche wird in der Literatur immer wieder hervorgehoben. Das berühmte Gericht „Anatra à l' Orange", d.h. Ente mit Orangen, brachten z.B. die Köche Katherina von Medicis nach Frankreich. Um den Leser in die französisch-italienische Küche einzustimmen, sei eine Variante des Rezeptes eingefügt, siehe Seite 24/25.

Coulibiac di anatra con salsa all' arancia

Enten-Coulibiac mit Orangensauce

Restaurant:
Castello di Spaltenna

Für die Crêpes (10 Stück)
100 g Weizenmehl
1 EL Speisestärke
1/4 TL Salz
3 Eier
125 ml (1/8 l) Milch
2 EL flüssige Butter
1 küchenfertige Ente (etwa 1150 g)
Salz
Pfeffer
Olivenöl
75 g Butter

750 g frischer Spinat
300 g Möhren
1/2 Bund Petersilie
400 g Waldpilze
1 Ei
450 g tiefgekühlter Blätterteig
Für die Orangensauce
Entenknochen
1 Zwiebel
2 Möhren
etwas Sellerie
1 Bouquet garni (aus Möhren, Zwiebel, Staudensellerie, Petersilie)
Olivenöl
Salz, Pfeffer
Schale von 1/2 Orange (unbehandelt)

Für die Crêpes Mehl und Speisestärke mischen, sieben und mit Salz, Eiern, Milch und zerlassener Butter rasch zu einem glatten, flüssigen Teig verrühren. Den Teig etwa 30 Minuten ruhen lassen. Aus dem Teig 10 Crêpes in einer kleinen Pfanne mit etwas Öl braten und beiseite stellen. Die Ente entbeinen, salzen und pfeffern, schnell in 2 Eßlöffeln Öl und 2 Eßlöffeln Butter anbraten. Den Spinat verlesen, waschen, in Salzwasser eine halbe Minute blanchieren, abkühlen lassen und gut ausdrücken. Die Möhren putzen, waschen, reiben und so lange mit etwas Butter erhitzen, bis sie ganz trocken sind. Gehackte Petersilie, Salz und Pfeffer zugeben. Die Pilze putzen, abspülen, in Scheiben schneiden und in etwas Butter anbräunen, mit Salz und Pfeffer würzen. In ei-

COULIBIAC DI ANATRA CON SALSA ALL' ARANCIA
(Fortsetzung)

ner Schüssel das Ei mit 1 Eßlöffel Wasser verschlagen und damit die Crêpes bepinseln. Mit zwei oder drei der mit Ei bepinselten Crêpes eine rechteckige Form, z.B. eine Auflaufform auslegen und darauf die Ente legen. Weitere Crêpes darüberlegen, dann abwechselnd den Spinat, die Möhren, die Pilze und Crêpes darüberlegen, alles mit Crêpes bedecken. Nicht vergessen, die Crêpes jeweils mit dem verschlagenen Ei zu bepinseln. Den Blätterteig auftauen lassen, 5 mm dick ausrollen und den Inhalt der Form darauf stürzen, alles in den Blätterteig einwickeln und zuerst die Ränder mit verschlagenem Ei bepinseln, dann den restlichen Blätterteig damit bestreichen und im Backofen bei 200 °C etwa 1 1/2 Stunden backen, bis die Oberfläche goldbraun wird.

Für die Sauce die Entenknochen mit der Zwiebel, den Möhren, dem Sellerie und dem Bouquet garni in etwas Öl anbraten, dann mit Wasser bedecken und ohne Deckel etwa 1 Stunde kochen lassen, bis die Flüssigkeit eingekocht ist. Die Sauce durch ein Sieb gießen und mit Salz und Pfeffer abschmecken. Die Orangenschale in feine Streifen schneiden, zugeben und nochmals etwa 5 Minuten kochen lassen. Die Ente in Scheiben geschnitten mit der Sauce servieren.

Weniger bekannt ist ein Lieblingsgericht der französischen Königin „Il Cibreo". Es heißt, sie habe einmal solche Unmengen davon verspeist, daß um ihr Leben gebangt werden mußte. So sehr schätzte Katherina das Ragout aus Hahnenkämmen, Hühnerleber und Hahnenhoden. Obwohl die alte Florentiner Spezialität zunächst befremden mag, wer nach Florenz kommt, kann das Gericht der Königin von Annie Féolde zubereitet verspeisen.

Auch die Verbreitung der äußerst kultivierten Tischsitten der Florentiner in Frankreich soll Katherina von Medici beeinflußt haben. Ihr wird die Einführung der Gabel bei Hofe zugeschrieben, wo es bis dahin noch üblich war, mit den Händen zu essen.

Es ließen sich viele ausländische Augenzeugen zitieren, englische, deutsche, russische Beobachter, die gerade von den Florentiner Tischsitten der Zeit beeindruckt waren.

Danach verblaßte der Stern der Florentiner Kochkunst. Seit der Zeit Ludwig XIV. wurde Frankreich zum viel bewunderten und nachgeahmten Zentrum europäischer Eßkultur. Florenz und die Toskana verloren ihre führende Rolle in Kultur und Politik.

Eine intensive Blütezeit erlebte die Stadt noch einmal im 19. Jahrhundert, als Florenz von 1865-1871 zur Hauptstadt des neu entstandenen Staates erkoren wurde. Bei den Festessen, die in diesen Jahren stattfanden, war die französische Küche das unbestrittene Vorbild. Schaut man jedoch genauer hin, fällt auf, daß manche auf der Menukarte in französischer Sprache aufgeführten Gerichte ursprünglich auf italienischen Rezepten basieren, z.B. die Béchamelsauce.

Und noch einmal bekommt Florenz eine zentrale Rolle bei der Entwicklung der italienischen Küche. In Florenz verfaßte Pellegrino Artusi 1891 das erste umfassende moderne Kochbuch Italiens. Nach der schwierigen politischen Einigung vollzog Artusi die kulinarische Einigung, denn sein Kochbuch mit über 750 Rezepten aus allen Regionen Italiens war und ist ein überwältigender Erfolg. Bis heute wurden über eine Million Exemplare verkauft. Einen wichtigen Platz nimmt in dem Buch die toskanische Küche ein. Artusis „La Scienza in Cucina e l' Arte di mangiar bene", d.h. „Die Wissenschaft in der Küche und die Kunst gut zu essen", ist typisch für die Rückbesinnung der italienischen Küche auf ihre ureigenen Qualitäten.

Welche Auswirkungen hatte nun die „Arte Culinara" der Städte auf das Chianti?

Der Einfluß auf das Chianti fand in sehr direkter Form statt, denn die Patrizierfamilien, die in der Stadt prunkvolle Gastmähler veranstalteten, besaßen Ländereien in der Region und residierten während des Sommers in ihren Villen.

Das Leben der Menschen im Chianti, die Entwicklung ihrer Eßgewohnheiten, die köstlichen Gerichte, die wir heute vorfinden, sind nur zu verstehen nach einigen Anmerkungen zur Geschichte. Hinzu kommt, daß sich die Verhältnisse im Chianti über die Jahrhunderte kaum veränderten und erst in den fünfziger Jahren ein tiefgreifender Einschnitt erfolgte.

Die für das Chianti typische Wirtschaftseinheit Villa - Fattoria - Bauernhaus entstand im Mittelalter, als reiche Florentiner Kaufleute begannen, Land zu erwerben.

Landbesitz konnte als Hypothek dienen, hob das soziale Prestige und sicherte zugleich die Versorgung mit Nahrungsmitteln.

Immer wieder wurden die Städte im Mittelalter durch Kriege und Naturkatastrophen von Hungersnöten heimgesucht. Zugleich bemühten sich die Toskaner, mit frischen, qualitativ hochwertigen Lebensmitteln versorgt zu weden. Lorenzo von Medici, genannt Il Magnifico, erwarb z.B. große Ländereien und begann eine Rinderzucht, für seinen eigenen Bedarf und um seinen Gästen bei den Festessen das schmackhafteste Rindfleisch bieten zu können.

Die städtischen Villenbesitzer förderten den Weinbau, denn schon im Mittelalter ließen sich durch den Verkauf von Chianti größere Gewinne erzielen. Als geschickte Kaufleute setzten die Florentiner nicht nur ganze Fässer voll Wein ab, sondern richteten in ihren Stadtpalästen kleine Verkaufsstände ein, wo der Wein auch in geringen Mengen angeboten wurde. An manchen Palästen lassen sich diese Einbauten noch heute erkennen und es gibt Familien, die diese alte Tradition in modifizierter Form in ihren Palästen fortsetzen (Palazzo Antinori in Florenz).

Der Olivenanbau gewann erst allmählich an Bedeutung. Bis in das späte Mittelalter verwendete man für die Zubereitung der Speisen Schweinefett. Der Impuls zur Pflanzung von Olivenbäumen ging von den städtischen Eigentümern aus, die den feinen Geschmack des Olivenöls schätzen gelernt hatten und gute Verkaufsmöglichkeiten sahen. Zusammen mit kleinen Getreidefeldern, Obstbaumpflanzungen und Wiesen entstand die für das Chianti typische Mischkultur.

Viele Landeigentümer verfügten über so umfangreichen Besitz, daß sie sich neben ihrer Tätigkeit in der Stadt nicht auch noch der Verwaltung ihrer Höfe widmen konnten. Als Vertreter ernannten sie einen Fattore (Gutsverwalter), der den Wirtschaftsbetrieb der Villa „die Fattoria" organisierte, die Arbeit der Bauern überwachte, die Abgaben entgegen nahm u.s.w..

Zu einer Zeit, in der die Entfernungen zum nächsten Markt weit waren und es vieles nicht zu kaufen gab, bemühten sich die Fattorien möglichst autark zu sein. So gehörten zum Wirtschaftsverband verschiedene Handwerker wie Schreiner, Schmied und Maurer.

Villen wurden zunächst errichtet, um den Besitz zu kontrollieren und erst später, um zugleich den Landaufenthalt, die Villeggiatura, zu genießen. Als Ort der Selbstfindung verband sich zur Zeit des Humanismus mit der Villa Gesundung und Stärkung des Körpers, Ruhe und Erquickung der Seele wie die Hinwendung zu den musischen Künsten. Das Leben in der Villa, die Villeggiatura, gilt als eine der großen historischen Lebensformen Europas.

Schon von weitem weisen die schlank aufragenden Zypressen, die wie Säulenreihen die Zufahrtstraßen zur Villa säumen, auf die Bedeutung des Besitzes hin.

Der Villenbau selbst zeigt nur wenige Schmuckformen und ist außen wie innen eher schlicht. Gleichmaß der Formen und zurückhaltende Eleganz bestimmen die Gestaltung. Leben und Essen spielte beim Bau der Villa eine wichtige Rolle, denn den Speisesälen wurde in der Anlage und Ausgestaltung viel Aufmerksamkeit gewidmet.

Dominierend waren die langen Speisetische, an denen für die Villa typische Gerichte, wie die saftige „Bistecca alla Fiorentina" (siehe Rezept Seite 28) verspeist wurden. Abgesehen von den repräsentativen Aufgaben, stellte die Villa ein großes Warenlager dar, wo mit viel Geschick versucht wurde, alle Produkte, die im Laufe des Jahres von den Bauern als Abgaben gebracht wurden, möglichst langfristig zu lagern.

An erster Stelle stand der große Weinkeller, der bei gleichmäßig kühler Temperatur viele Holzfässer barg, in denen der Wein seiner Reife entgegenlagerte.

Hinzu kam ein zweiter großer Keller mit den breiten dunkelroten Tongefäßen, den „orcie", voll Olivenöl. In einer Vielzahl weiterer Räume wurden Getreide, Hülsenfrüchte, Käse und Obst gelagert. Die Basis, auf der der Wirtschaftsverband der Villa aufbaute, waren die Bauern.

Das Arbeitsverhältnis der Bauern war geregelt durch ein Pachtsystem, die Mezzadria, die eine für die damalige Zeit außerordentlich fortschrittliche Vertragsform darstellte. Der Vertrag sah vor, daß der Besitzer dem Bauern den Hof mit Haus und Ställen sowie den Arbeitstieren für einen bestimmten Zeitraum zur Verfügung stellte. Dafür erhielt der Grundherr die Hälfte aller angebauten Produkte (Getreide, Wein, Öl) und weitere kleinere Abgaben. Das System der Mezzadria sollte den Bauern bei schlechter Ernte absichern und zugleich einen Anreiz für Profite bieten, denn Verlust und Gewinn wurden geteilt. In Wirklichkeit aber ließ die „Halbpacht" dem Bauern kaum eine Chance, Gewinne zu erwirtschaften. In der Literatur werden über alle Jahrhunderte hin viele Beispiele angeführt, die belegen, in welch einfachen Verhältnissen und bitterer Armut viele Familien leben mußten.

Bistecca alla Fiorentina

Steak nach Florentiner Art

Restaurant:
L' Albergaccio di Machiavelli

Pro Portion
1 T-Bone-Steak von etwa 700 g, etwa 2 cm dick
Salz
Zitronensaft

Die Steaks sollten gut abgehangen sein, am besten läßt man sie für 3-4 Tage zugedeckt im Kühlschrank liegen. Die Steaks 1 1/2 - 2 Stunden vor der Zubereitung aus dem Kühlschrank nehmen. Den Holzkohlengrill gut vorheizen, die Steaks von jeder Seite kurz grillen, damit sich die Poren schließen, dann nach Geschmack fertig grillen. Erst zum Schluß salzen und mit Zitronensaft beträufeln.

Umwälzende Veränderungen in der Landwirtschaft begannen nach den großen Streikwellen Anfang der 50er Jahre, als die Bauern ihr Lebensniveau an das der städtischen Bevölkerung angleichen wollten. Es kam zu einer regelrechten Landflucht, denn die Arbeit in den Fabriken war trotz aller Härte weniger anstrengend und die Löhne lagen wesentlich höher.

In den schönen alten, verstreut liegenden Bauernhäusern leben kaum noch Bauern; sie sind mit ihren Nachfahren in Neubauten in Ortsnähe gezogen. Nur in Ausnahmefällen haben es Familien geschafft, sich ein eigenes kleines Landgut zu erwirtschaften und dies war und ist nur möglich, wenn alle Mitglieder der Familie engagiert helfen. Was ist aus den Villen geworden? Eine ganze Reihe von Villen sind über Jahrhunderte im Besitz derselben Familie geblieben. Während die Villa häufig noch als Sommerresidenz dient, sind die dazugehörigen Bauernhäuser zu Ferienwohnungen umgebaut worden. Der Unterhalt der Villen ist ausgesprochen kostspielig und, falls nicht ein großes Vermögen im Hintergrund steht, muß sehr geschickt gewirtschaftet werden. Häufig kümmern sich die Familienmitglieder persönlich um die dazugehörige Fattoria. Andere Familien waren gezwungen ihren Besitz zu verkaufen. Industrieunternehmen und Gesellschaften können sich das Risiko hoher Investitionen erlauben. Es ist auch Prestige, ein Weingut im Chianti zu besitzen und die eigenen Etiketten auf die Flaschen zu kleben.

In einer Reihe von Villen können die Besucher des Chianti heute noch die Villeggiatura der vergangenen Jahrhunderte nachvollziehen, indem sie eine ganze Villa mieten oder in einem der in Hotels umgewandelten Gebäude Urlaub machen.

Die Zeit der Autarkie für die Fattorien ist längst vorbei. Große Weingüter sind spezialisierte Betriebe. Meist kommt jedoch im Chianti noch der Olivenanbau dazu, manchmal auch die Produktion von Vin Santo, Honig und Kräutern. In eigenen Verkaufsräumen liegen die verschiedenen Waren aus. Auf Voranmeldung ist vielfach eine Weinprobe und eine Besichtigung der Kelleranlagen möglich.

Der überwiegende Teil der kleineren und großen Wein- und Olivenölproduzenten ist heute in der Winzergenossenschaft „Consorzio del Chianti Classico" zusammengeschlossen. Schon für die Aufnahme werden präzise Bedingungen gestellt und kontinuierliche Kontrollen garantieren die Qualität des Weines wie des Olivenöles. Der 1924 gegründete Verband kümmert sich um die Interessen der Mitglieder und fördert den Verkauf von Wein und Öl. Damit der Besucher des Chianti die Möglichkeit hat, verschiedene Fattorien kennenzulernen, und sich ein eigenes Urteil bilden kann, findet sich im Anhang eine Liste von Wein- und Olivenölproduzenten.

In den nächsten Jahren steht das „Consorzio del Chianti Classico" vor großen Aufgaben, denn der überwiegende Teil der Rebstöcke sind bis zum Jahre 2000 überaltet und muß ersetzt werden. Wie wird sich die Zukunft des Chianti gestalten?

In Zusammenarbeit mit den agrarwissenschaftlichen Fakultäten werden Forschungsprogramme erarbeitet, was Anbau und Pflege der Reben betrifft. Die Önologen sind bemüht, weiterhin einen der Konkurrenz überlegenen Wein zu erzeugen. Zum Beispiel wurden in Zusammenarbeit mit dem Weingut San Felice in Großversuchen über 200 verschiedene in Vergessenheit

geratene alte Rebsorten angepflanzt, um eventuell die jetzigen Rebsorten zu ergänzen. So kann der Liebhaber des Chianti beruhigt auf das Jahr 2000 blicken.

Anders sieht die Situation in Hinblick auf die Zukunft der Landwirtschaft aus. Da Traktoren nur senkrecht zum Hang fahren können, wird man auch die letzten Mauern zerstören, die die Bauern mühsam auf dem steinigen Untergrund errichteten, damit die kostbare Muttererde nicht weggespült und verweht wurde. So verändert sich grundlegend das Gesicht der Landschaft. Wenn auch aus marktwirtschaftlichen Gründen die Erhaltung der Mauern nicht sinnvoll erscheint, sollte doch überlegt werden, ob neben der sorgfältigen und erfolgreichen Denkmalpflege nicht zugleich bestimmte Areale der Agrarlandschaft dringend des Schutzes bedürfen.

Der Jahres-zyklus

Der Jahreszyklus geht vom bäuerlichen Lebensrhythmus aus, wie er fast unverändert durch die Jahrhunderte bis in die fünfziger Jahre fortdauerte und vermittelt zugleich Einblicke in die heutige Situation der ländlichen Bevölkerung, denn die wirtschaftlichen Voraussetzungen wie auch die kirchlichen Feste waren auch stets ausschlaggebend für die Wahl der Speisen.

Im eingestreuten kulinarischen Teil werden die grundlegenden Nahrungsmittel des Chianti und ihre Verwendung vorgestellt.

Januar

Während des Winters können die Temperaturen bis auf den Gefrierpunkt und noch tiefer sinken. An frostklaren Tagen bieten sich von den vielen Hügeln und Bergkuppen des Chianti weite Blicke ins Land. Bis in die Ferne kann man die sich durch Weinberge, Olivenhaine und Laubwälder zu den hellen natursteinfarbenen Bauernhäusern hinwindenden Straßen verfolgen. Die Kälteperiode wechselt oft ab mit lang anhaltenden Regenfällen. Bricht die Sonne durch und scheint für einige Stunden, spürt man ihre wärmende Kraft. An windgeschützten Stellen haben sich schon die blauen Blüten der Rosmarinbüsche an den alten Bauernhäusern geöffnet.

Da die Tage nur kurz sind und der Boden für einige Zeit gefroren ist, nutzten die Bauern früher den Winter, um im Wald Holz zu sammeln. Im Kamin züngelten dann die Flammen nicht nur zum Kochen der Speisen. Bei großer Kälte wurde zur Nacht das kostbare Brennmaterial nachgelegt, damit alle Bewohner sich an der einzigen Wärmequelle im Haus wärmen konnten.

Kamen die armen Bauern aus dem Küstenstreifen der Maremma in die Chiantiberge und verdingten sich dort als Köhler, besaßen sie manchmal nur ein paar Zwiebeln für ihr Essen. Im Wald wurde ein kleines Feuer angezündet, die Zwiebeln in Wasser gekocht und die Suppe mit ein paar am Wegrain gefundenen Kräutern gewürzt. Eine heutige schmackhafte Version dieser kräftigenden, bekömmlichen Suppe sieht folgendermaßen aus:
Acqua Cotta (siehe Rezept Seite 33).

1. Januar – Neujahrstag

Während Sylvester kaum beachtet wurde, verbanden sich verschiedene Bräuche mit dem Neujahrstag. Auch in der Chiantigegend prägte der Aberglaube das Denken der den Naturgewalten und Tierkrankheiten hilflos ausgelieferten Bauern. Neujahr beispielsweise wurde genau geprüft, ob auch das Hufeisen im Stall hing, um alles Unglück fernzuhalten.

Nach dem Kirchgang am Vormittag gab es mittags eines der seltenen Fleischgerichte, der Tradition entsprechend meist einen Kapaun. Das fette verschnittene Masthähnchen war gerade in der Winterzeit besonders nahrhaft. Dem heutigen Geschmack entspricht vielleicht eher ein Perlhuhn, gewürzt mit Wacholderbeeren. „Faraona al ginepro" (siehe Rezept Seite 34). Anschließend genießt man wie einst wenige der in kühlen Kellerräumen aufbewahrten Weintrauben, immer in der Hoffnung, daß das Jahr viel Geld bringen möge – so viel wie Trauben am Weinstock.

Acqua cotta

Gekochtes Wasser

Restaurant:
Il Molino delle Bagnaie

4 mittelgroße Zwiebeln
4 Eier
200 ml trockener Weißwein
2 Tomaten
8 EL Olivenöl

Die Zwiebeln in dünne Scheiben schneiden und in dem Olivenöl dünsten. Den Wein, die Tomaten und 8 Schöpflöffel voll Wasser pro Person dazugeben. Das Ganze 1 Stunde lang kochen lassen (die Zwiebel muß dabei zerkochen). Zum Schluß die Eier einzeln in eine Schöpfkelle aufschlagen, separat in die Suppe gleiten lassen und nur wenige Minuten garen, so daß das Eigelb noch flüssig ist. Zwei Tage altes Brot in dünne Scheiben schneiden, rösten und auf den Boden jeden Tellers legen. Die heiße Suppe darüber gießen, das pochierte Ei hinzufügen und sofort servieren.

Faraona al ginepro

Perlhuhn mit Wacholder

Restaurant:
L' Albergaccio di Castellina

500 ml (1/2 l) Weißwein
einige Salbeiblätter
4 abgezogene Knoblauchzehen
eine Handvoll Wacholderbeeren
1 kg Perlhuhn
4 EL Olivenöl
1 gehäufter EL Semmelbrösel
evtl. etwas Fleischbrühe

Aus dem Weißwein, Salbei, Knoblauch und 10 Wacholderbeeren eine Marinade bereiten und das in Stücke geteilte Perlhuhn (die Leber beiseite stellen) darin 4 Stunden ziehen lassen. Dann das Huhn aus der Marinade nehmen, trockentupfen und in dem Öl goldbraun braten. Die Leber und die restlichen Wacholderbeeren klein hacken und zusammen mit den Semmelbröseln zum Perlhuhn geben. Das Ganze gut verrühren und die Marinade mit etwas Brühe dazugießen. Etwa 45 Minuten bei schwacher Hitze garen.

Faraona alla Castellana

Perlhuhn nach Burgfrauenart

Restaurant:
Pappus

4-6 Portionen
800 g Perlhuhn
Salz, Pfeffer
1 Zwiebel
Salbei
Rosmarin
3 EL Olivenöl
300 g Trockenpflaumen
50 g geröstete Pinienkerne
50 g abgezogene geröstete Mandeln
gut 125 ml (1/8 l) toskanischer Rotwein
375 ml (3/8 l) Fleischbrühe
5 Pfefferkörner
3 Nelken
Majoran
gehackte Schale von 1/2 Zitrone (unbehandelt)

Das Perlhuhn in 12-16 Stücke zerteilen, salzen, pfeffern und mit der abgezogenen, gehackten Zwiebel, etwas Salbei und etwas Rosmarin in Öl anbraten. Sobald das Fleisch leicht angebräunt ist, die entkernten Trockenpflaumen und die zuvor gerösteten Pinienkerne und Mandeln zugeben. Mit dem Rotwein ablöschen und die Fleischbrühe zugießen. Mit den zerdrückten Pfefferkörnern, der feingehackten Zitronenschale, dem Majoran und den Nelken aromatisieren. Jetzt den Topf zudecken und für 45-60 Minuten im vorgeheizten Backofen bei 200 °C garen.

Crostini bianchi

„Weißes" Röstbrot

(Giovanna Lazzeri:
Bäuerliche Küche)

3 Sardellenfilets
100 g weiche Butter
30 g Sardellenpaste
in Scheiben geschnittenes toskanisches Weißbrot
Kapern

Die Sardellenfilets fein wiegen und mit der Butter und der Sardellenpaste vermengen. Die Weißbrotscheiben rösten, dick mit der Paste bestreichen, mit einer Kaper verzieren.

Cozze alla Livornese

Muscheln nach Livorneser Art

Restaurant:
Villa Sangiovese

1 Zwiebel
1 Knoblauchzehe
1 Peperoni
Olivenöl
6 EL geschälte Tomaten
1 kg Miesmuscheln
Salz
Pfeffer
Zitrone

Die gehackte Zwiebel, die zerdrückte Knoblauchzehe und die zerdrückte Peperoni in etwas Öl anbraten. Die Tomaten zugeben, dann die gründlich gewaschenen Miesmuscheln hineinlegen und bei geschlossenem Deckel 2 Minuten kochen lassen. Mit Zitrone servieren, nur die geöffneten Muscheln verzehren.

6. Januar – La Befana (Dreikönigstag)

Am Dreikönigstag erwarten die Kinder überall in Italien die Befana, die Gaben bringende alte Frau, die in etwa dem Nikolaus entspricht. Statt der gestopften Wollsocken hängen heute in allen Ausführungen speziell zu kaufende Strümpfe am Kamin. Früher waren die Kinder glücklich, wenn sie am Morgen Nüsse, trockene Feigen und einen Pinienzapfen fanden, in dem noch all die köstlichen Kerne verborgen waren. Heute gibt es natürlich allerlei Süßes, die vielfältigsten Schleckereien. Nach dem Kirchgang wird traditionsgemäß wieder ein Kapaun, z. B. „Cappone lesso" (zu deutsch: gekochter Kapaun), auf den Tisch gebracht, der letzte der Wintersaison.

Und am Abend nach dem Essen kommt in manchen Familien auch heute noch die Befana höchstpersönlich zu Besuch und bringt vielleicht sogar „ihren Mann" mit. Junge Männer verkleiden sich übermütig als alte Frau und deren Begleiter. Tief ist das Kopftuch in die Stirn gedrückt; Flachs täuscht weißes Haar vor und eine lange Pappnase sitzt mitten im Gesicht. Gestützt auf einen langen Stock hüpft die Befana in der Stube herum.

An den langen Winterabenden, an denen die Bauern kleine Gerätschaften ausbesserten und die Frauen spannen oder stopften, war es früher üblich, reihum die Nachbarn zur „Veglia" (ein abendliches Beisammensein) einzuladen. Man spielte Karten und erzählte Geschichten. Den Gästen wurde ein stärkender Schluck Vin Santo angeboten und etwas Kuchen, z. B. Castagnaccio, der aus Maronenmehl gebacken wird. Ergänzt von frischer Ricotta (Frischkäse aus Schafsmilch), ist ein Stück Castagnaccio auch heute noch köstlich.

17. Januar – Sant´Antonio

Der Abt St. Antonius war als Schutzpatron der Haustiere für die Bauern einer der wichtigsten Heiligen. Auf Kupferstichen oder Tontafeln, überall ist er abgebildet, umgeben von Pferd, Schwein und Ochse. Sein Bild hing beschützend in jedem Stall.

In einer speziellen Messe, die in einer der vielen Kapellen auf dem Lande stattfand, wurden die Tiere gesegnet oder wenigstens symbolisch ein Segen gesprochen über eine kleine Futtermenge, über den Kanten Brot für Hund und Katze bis zur Handvoll Maiskörner für die Hühner. An diesem Tag könnte z. B. eine „Minestra di lenticchie", eine Linsensuppe, mittags auf dem Tisch gestanden haben (siehe Rezept Seite 37).

Verwendet man Linsen bester Qualität, schmeckt diese einfache Suppe auch heute noch. Linsen waren, wie Kichererbsen und weiße Bohnen, als getrocknete Hülsenfrüchte den Winter über verfügbar und die Suppen daraus bildeten das Jahr hindurch in der bäuerlichen Küche die Hauptspeise. Angereichert mit Nudeln oder Brot, werden sie zu einem sättigenden Eintopf. In vielen Familien aß man die ganze Woche über nichts anderes. Auf die Frage „Was gibt´s?" hieß es scherzhaft „Minestra e rizzati", zu deutsch „Suppe und dann aufstehen".

Einer der sehnlichsten Wünsche der Bauern war, das Wetter vorauszusehen. Gereimte Sprüche halfen auf dem Lande die jahrhundertealten Kenntnisse und Erfahrungen zu bewahren und weiterzugeben.

ZUPPA LOMBARDA

Lombardische Suppe

Restaurant:
L' Albergaccio di Machivelli

400 g getrocknete weiße Bohnen (Cannellini)
Salz
4 Scheiben Brot, in 1/2 cm dicke Scheiben geschnitten
Knoblauchzehen
Salz
Pfeffer
Olivenöl

Die Bohnen über Nacht in etwa 2 1/2 l Salzwasser einweichen und dann in 1 1/2-2 Stunden in dem Einweichwasser bei schwacher Hitze im geschlossenen Topf gar kochen. Das Brot rösten, die Scheiben in drei Teile zerteilen und mit einer abgezogenen Knoblauchzehe einreiben, in einen Suppenteller legen, zuerst die gekochten Bohnen und dann etwas von ihrem Kochwasser darübergießen. Das Gericht wird bei Tisch nach Geschmack mit Pfeffer evtl. etwas Salz und Olivenöl gewürzt.

MINESTRA DI LENTICCHIE

Linsensuppe

(Bianca Ruscio,
Bäuerliche Küche)

400 g Linsen
2 l Wasser
2 Knoblauchzehen
3 EL Olivenöl
Salz
Pfeffer

Die Linsen über Nacht in Wasser einweichen. Die Linsen in etwa 1 Stunde gar kochen und anschließend durch ein Sieb passieren. Sollte die Suppe zu fest sein, noch etwas Flüssigkeit hinzufügen. Den abgezogenen Knoblauch fein würfeln, im Olivenöl dünsten, dann in die Suppe geben und weitere 15-20 Minuten kochen lassen, zum Schluß mit Salz und Pfeffer abschmecken. Die Linsensuppe kann mit Suppennudeln oder besser noch mit gerösteten Brotwürfeln serviert werden, dazu bei Tisch noch etwas Olivenöl reichen.

Im allgemeinen wird Schweinefleisch, das früher als besonderer Genuß galt, nur noch begrenzt in Privathaushalten und auf großen Volksfesten gegessen. Es gibt im Chianti aber weiterhin Züchter, die eine kleine Anzahl von Tieren aufziehen und auf die Qualität des Fleisches achten. Früher, als es noch keine Kühlschränke gab, mußte das Schweinefleisch vor den warmen Sommertagen gegessen werden. Auch die meisten Würste wurden bis Ostern verbraucht.

Dies ist heute natürlich kein Problem mehr, und wie früher ist der Aufschnitt heute sehr beliebt. Als Vorspeise werden generell neben den „Crostini" (Röstbrot) „Affettate" (Aufschnitt) serviert, wozu frisches ungesalzenes Brot und ein Schluck Rotwein gut paßt. Der Geschmack der verschiedenen Wurstsorten ist bekanntlich am besten, wenn man die abgeschnittenen Scheiben noch am selben Tag verspeist.

Schlachtfest.

Eine wichtige Rolle spielte für die bäuerliche Ernährung das Schlachtfest im Januar, an dem die ganze Familie helfend und zuschauend teilnahm. Fast in jedem Hof wurden ein oder zwei Schweine von dem dazu herbeigerufenen Fleischer geschlachtet.

Und noch am selben Tag wurden alle Nachbarn herzlich eingeladen, die „Tegamata", ein Pfannengericht mit Schweinebacke, und die als Leckerbissen beliebten „Sanguinacci" zu probieren. Die trockenen Reste des weihnachtlichen Gebäcks vermengte man mit Eiern und frischem Schweineblut zu einer gehaltvollen süßen Frittate. Beide Spezialitäten sind heute Raritäten. Denn frisches Schweineblut ist nur noch bei den selten gewordenen Hausschlachtungen zu erhalten. Als Gericht ist eher die Schweineleber zu empfehlen, delikat mit Lorbeer abgeschmeckt (siehe Rezept Seite 40/41).

Schinken

Der Schinken wird traditionsgemäß – im Chianti wie überall in der Toskana – zunächst mit Knoblauch eingerieben und dann zur weiteren Bearbeitung für etwa einen Monat über und über mit Salz bedeckt. Nach sieben bis acht Monaten ist der Reifeprozeß des kräftigen, leicht salzig schmeckenden Schinkens abgeschlossen.

Capocollo oder Pilza

Der weniger fetthaltige Halsmuskel vom Schwein wird für vier, fünf Tage eingesalzen, anschließend mit Essig abgewaschen und gepfeffert. Der Capocollo ist durch seine Herstellung ähnlich wie der Schinken, aber weil das Stück Fleisch wesentlich kleiner ist, schon nach zwei Wochen ausgereift.

Rigatino oder Pancetta (Bauchspeck)

Das Bauchstück salzt man für 20 Tage ein und reibt es anschließend mit Knoblauch, Salz und Pfeffer ein. Nach zwei bis drei Monaten ist das Fleisch ausgereift. Weniger als Aufschnitt wird Rigatino zur Verfeinerung der Saucen benutzt.

Salami

Fleischstücke von erster Qualität vermengt man mit einem Fünftel gewürfeltem Speck, möglichst von dem direkt unter der Schwarte. Die Salami erhält ihren würzigen Geschmack – nach der Zugabe von Weißwein und Salz – durch viele Pfefferkörner und gemahlenen Pfeffer.

Bastardo

Fleisch von etwas minderer Qualität wie Schulter, Bauchfleisch und Schweinebacke wird zu größeren Würfeln zerschnitten, und es wird etwas mehr Fett zugegeben als bei der Salami. Wieder verwendet man zum Würzen und Konservieren Salz, Pfeffer und Knoblauch.

Finocchiona

Die Zutaten und die Machart entspricht dem Bastardo, nur wird hier mit viel Fenchel aromatisiert, nach dem die Wurst auch ihren Namen erhielt.

Salsiccia (Bratwurst)

Die Herstellung ist ebenfalls ähnlich wie beim Bastardo, nur wird mehr Fett untergemengt und z.T. mit Paprika abgeschmeckt. Sind die Würstchen frisch, eignen sie sich besonders gut zum Grillen. Die Salsicce werden auch als Brotaufstrich geschätzt und, nachdem sie mehrere Wochen an der Luft getrocknet sind, schneidet man sie gerne zu den „Affettate" auf.

Buristo

Für diese Kochwurst verwendet man einen Teil der Schwarte, Fett und Blut. Wichtig sind die würzenden Beigaben wie Salz, Pfeffer, Muskatnuß, Zimt und Orangenschale, die den kräftigen Geschmack der Wurst bestimmen.

Sopressata (eine Art Sülzwurst)

Eine Kochwurst aus verschiedenen Teilen wie Kopf, Ohren, Schwanz und Knorpel, die, pikant mit Pfeffer, Salz, Knoblauch, Zimt, Muskatnuß und Zitronenschale abgeschmeckt, nach dem Kochen gepreßt wird. Man serviert diese Delikatesse in großen, dünn aufgeschnittenen Scheiben.

Porchetta (Spanferkel)

Eine Spezialität, die zwar nicht aus dem Chianti stammt, aber schon immer auf den Märkten begeisterte Abnahme fand.

Bei einem jungen Schwein werden die Innereien entfernt und der Bauch mit einer Mischung aus Rosmarin, Knoblauch, Pfeffer und Salz gefüllt. Nach mehreren Stunden Bratzeit in einem großen Ofen ist die Schwarte zu einer knusprigen Kruste geworden. Zwischen zwei Brotscheiben kann eine Scheibe Porchetta den Fleischgang ersetzen. Gerne wird das Fleisch auf den beliebten Picknicks gegessen.

FEGATELLI DI MAIALE

Schweineleber-Häppchen

(Bianca Ruscio, Bäuerliche Küche)

600 g Schweineleber
3 EL Semmelbrösel
Salz
wenig Pfeffer
14-15 Lorbeerblätter (nach Geschmack durch Salbei zu ersetzen)
Schweinenetz (es ist das Netz aus Fettgewebe gemeint, das den Darm außen umgibt)

Die Leber abspülen, mit Küchenpapier trockentupfen und in Stücke von je 40-50 g zerteilen. In einer Schüssel die Semmelbrösel, Salz, Pfeffer und zerkrümelte Lorbeerblätter mischen und die Leberstückchen untermischen, durchziehen lassen. Das Netz kurz in lauwarmes Wasser legen, um es geschmeidig zu machen, dann in Stücke schneiden und je ein Leberstückchen damit einwickeln, mit Zahnstochern feststecken. Die Leber auf dem Holzkohlegrill bei schwacher Hitze grillen. Oder in einer feuerfesten Form wenig Olivenöl (es soll nur der Boden bedeckt sein) erhitzen, die vorbereiteten Leberstückchen hineinlegen und bei schwacher Hitze im Backofen in etwa 1 1/2 Stunden garen. Wenn nötig etwas Fleischbrühe angießen. Auch auf diese Art wird die Leber nicht hart.

Februar

Mitte des Monats ist manchmal Schnee gefallen und alles sieht wie verwandelt aus: Die geometrischen Linien der Landschaft mit den abgesetzten Terrassen, den breiten, kubischen Formen der Häuser und den einzelnen Zypressen und Baumgruppen werden durch den Kontrast noch verstärkt und abstrahiert.

Ende Februar beginnen die Mandelbäume zu blühen, die nah bei jedem Bauernhaus stehen und die wegen der zarten Schönheit ihrer rosa Blütenpracht inmitten der Winterlandschaft schon immer geliebt und bewundert wurden. Es hieß, Mandeln bringen Glück; zugleich waren die Mandelkerne wichtig für die Ernährung im Winter und für das Gebäck zur Weihnachtszeit.

Erlaubte es das Wetter, nutzten die Männer früher die Zeit, Gräben und Mauern in Ordnung zu bringen, was im Chianti sehr wichtig war. Die Mauern der Terrassen halten und stützen in der hügeligen Landschaft die notwendige Muttererde. Das kostbare Regenwasser fingen die schmalen, mit Steinen befestigten Gräben auf und leiteten es in die kleinen, zur Bewässerung der Gemüsegärten unersetzlichen Teiche. Nur in wenigen Weinbergen hat sich das alte System heute noch erhalten.

Im Februar werden die noch nicht bearbeiteten Weinstöcke beschnitten. Welche Leistungen erzielt werden können, vermittelt ein Buch vom Ende des 19. Jahrhunderts, das als Tagespensum eines geschickten Bauern zweitausend Weinreben angibt. Bei den Reben muß außerdem der zum Weiterwachsen bestimmte Trieb am Pfahl festgebunden werden, wofür die Bauern früher Weidengerten benutzten, die am Rande der Weinberge extra angepflanzt waren. Wenn es etwas wärmer wird, und die Bäume nicht mehr gefroren sind, beschneidet man auch die Olivenbäume.

2. Februar – Candelora (Lichtmeß)

„Zu Lichtmeß schneit's oder regnet's, ist der Winter vorbei; lacht die Sonne, sind wir mitten im Winter." Lichtmeß hat wie in Deutschland eine große Bedeutung im bäuerlichen Lebensrhythmus. Dies war meist der Tag, an dem der Bauer, der eine neue Pachtstelle angenommen hatte, mit seiner Familie in den neuen Bauernhof einzog und seine Arbeit dort aufnahm.

Zur morgendlichen Messe kamen die Bauern von weit her. Als gutes Omen galt es, wenn die Kerze, die jeder Kirchenbesucher erhalten hatte, während des Gottesdienstes nicht ausging.

Da sich mit Lichtmeß nicht spezielle Speisetraditionen verbanden und der Tag auch nicht als Feiertag galt, aßen die Bauern z. B. eine Ribollita (Rezept siehe Seite 18). Die Suppe aus weißen Bohnen wird erst zur Ribollita (zu deutsch: wieder aufgekocht), wenn man sie ein zweites Mal aufwärmt.

Die kleinen, ganz weißen Bohnen (es wird gern die Sorte Canellini verwendet) zählen mit zu den wichtigsten Hülsenfrüchten des Chianti und der Toskana. Sie sind nicht nur leicht zu trocknen und aufzubewahren, wegen ihres nährstoffreichen Gehaltes wurden sie auch als das Brot der Armen bezeichnet. Es lassen sich eine Vielzahl von Gerichten mit weißen Bohnen aufzählen. Einige werden im Laufe des Jahreszyklus aufgeführt, andere, wie die berühmten „fagioli nel fiasco", lassen sich heute kaum noch nachkochen.

In einen gemauerten Ofen, der noch heiß vom Brotbacken war, wurde eine Flasche gestellt, in die über Nacht eingeweichte Bohnen gefüllt worden waren. Erst nach vielen Stunden waren dann die Bohnen gar, die durch die lange Kochzeit ausnehmend wohlschmeckend waren. In verschiedenen Geschäften von Florenz werden heute noch spezielle Tontöpfe zum Kochen der weißen Bohnen angeboten, in denen sich die Bohnen im Ofen auf ähnliche Weise zubereiten lassen.

Während Suppen mit geringer oder ganz ohne Brotzutat Minestra genannt werden, nennt man die diversen Suppen auf Brotbasis, die bisweilen fast die Konsistenz eines Breies annehmen können, „Zuppa". Die Zuppa wechselte beim täglichen Essen mit der Minestra ab, war aber durch die sättigendere Broteinlage noch beliebter. Überhaupt spielte das Brot in der Ernährung des Chianti wie auch in anderen bäuerlichen Gegenden eine zentrale Rolle. Aus gutem Vollkorn gebacken, besitzt das Brot nicht nur wichtige Nährwerte, es ist zugleich eine Woche und länger haltbar und leicht zu transportieren, was für die weit vom Haus entfernt arbeitenden Bauern von Bedeutung war.

Die Zubereitung des Brotes, die oft fast sakrale Formen annahm, wie etwa das in den Brotlaib eingedrückte Kreuzeszeichen, war Aufgabe der Massaia, der innerhalb der Großfamilie bestimmenden Bäuerin. Etwa einmal in der Woche wurde einen ganzen Vormittag das Brot gebacken, und wenn man das stundenlange Vorheizen des gemauerten Ofens hinzurechnet, dann verging fast ein Tag.

PANE TOSCANO FATTO IN CASA

Hausgemachtes toskanisches Weißbrot

(Daria Cinatti, Bäuerliche Küche)

Das Brot begleitete jedes Essen. Zum zweiten Frühstück, zum Mittagessen, am Nachmittag zur Merenda (Vesperbrot) und zum Abendessen, immer wurde Brot angeboten. Aus diesem Grunde steht auch heute noch, während der verschiedenen Gänge, Brot auf dem Tisch, und von der Suppe bis zum Gemüsegang ißt man gern ein paar Bissen Brot dazu.

Pro Person wurde früher an einem Tag häufig ein Kilo Brot und noch mehr gegessen. Und jeder Krümel fand Verwendung, auch wenn das Brot alt und hart geworden war. Fehlte das Brot, bedeutete es, daß die Familie hungern mußte. Brot wird in den Brotsuppen verwendet, viele Eierspeisen sind mit Brotresten zubereitet, und sogar das in Olivenöl ausgebackene Fleisch oder Gemüse wird manchmal erst in Brotkrümeln gewälzt. Ein Rezeptbeispiel für eine einfache Brotspeise, die sehr wohlschmeckend ist, stellt die „Briciolata" dar.

Das beigefügte Rezept (siehe Seite 45) kann nur annähernd versuchen, einen Eindruck vom Geschmack des gebackenen Brotes aus dem holzbeheizten gemauerten Backofen zu vermitteln.

Immer wieder wird in der Erinnerung von dem köstlichen Duft des frischen, gerade aus dem Steinofen gezogenen Brotes erzählt.

Sonntag vor Karneval – „Gallinaiola" (deutsch: Suppenhühnchen).

Im Frühjahr, wenn die Tage länger werden und die Arbeit der Bauern noch nicht so anstrengend war, kamen die Verwandten zu Besuch. Meist wohnten die Familien nicht weit auseinander, und nach einem längeren Fußweg war man am Ziel. „Gallinaiola, Suppenhühnchen, alle Väter gehen zu den Töchtern", lautete ein Spruch. Die Festspeise an dem Tag war, wie schon der Name sagt, ein altes Huhn, das nur noch in der Suppe zu genießen war. Da Suppenhühner heute weniger beliebt sind, ist hier ein Rezept eingefügt, das dem jetzigen Geschmack eher entgegenkommt. „L'anatra infinocchiata" (siehe Rezept Seite 45).

500 g Weizenmehl, Type 550
25 g frische Hefe
knapp 125 ml (1/8 l) lauwarmes Wasser zum Anrühren
etwa 250 ml (1/4 l) Wasser

Die Hefe in lauwarmem Wasser anrühren und dann mit dem Mehl und so viel Wasser verkneten, daß ein geschmeidiger Brotteig entsteht. Den Teig zu einem Laib formen, kreuzförmig einschneiden und je nach Raumtemperatur 1-1 1/2 Stunden oder länger gehen lassen, bis er etwa das doppelte Volumen erreicht hat. Zwischendurch mehrmals zusammenkneten. Jetzt den Teig in zwei Teile teilen und diese nochmals für etwa 45-60 Minuten gehen lassen, diesmal auf dem Ofen/Heizkörper. Dann die Laibe mit Mehl bestäuben, wieder kreuzförmig einschneiden und nach 10 Minuten im gut vorgeheizten Backofen etwa 30 Minuten bei 220 °C backen. Die Brote aus dem Ofen nehmen, sobald sie gar sind, daß heißt eine schöne goldbraune Farbe angenommen haben.

Hinweise: Das toskanische Brot ist nicht gesalzen. Das Kreuzzeichen wird auf den Broten von jeher gemacht, und um das Gehen des Teiges zu unterstützen.

La Briciolata

Omelette mit Brot

(Beppe Parig,
Bäuerliche Küche)

Für 6 Portionen
200 g Brot (mindestens 2 Tage alt, ohne Rinde)
4-5 EL Olivenöl
200 g frische enthäutete Saucentomaten (oder aus der Dose)
3 Eier
Salz
Pfeffer

Das Brot zerbröckeln und in einer Pfanne in Olivenöl goldbraun werden lassen. Die Tomaten hinzufügen, nach etwa 5-10 Minuten die verschlagenen Eier dazugeben. Alles gut miteinander vermengen und etwa 5 Minuten weiter braten, nach Belieben salzen und pfeffern. Das Omelette hin und wieder etwas bewegen, damit es nicht ansetzt.

Anatra in-finocchiata

Ente mit Fenchelsamen

Restaurant:
Le Logge

1 Ente
3 EL zerstoßene Fenchelsamen
100 g luftgetrockneter, durchwachsener Speck
1 EL Semmelbrösel
feingehackter Salbei
feingehackter Rosmarin
2 EL Olivenöl
Salz
etwas Weißwein

Die Ente ausnehmen und abspülen. Für die Füllung die Fenchelsamen, den feingehackten Speck, die Semmelbrösel, Salbei und Rosmarin, Salz und Öl zu einer Masse verarbeiten und die Ente damit füllen. Die Ente von außen salzen und mit gehackten Fenchelsamen bestreuen. Dann etwa 1 1/2 Stunden bei 180 °C im Backofen braten (lieber etwas länger als zu kurz).
Zwischendurch die Haut anstechen, damit das Fett herausläuft und nach etwa der Hälfte der Bratzeit das überflüssige Fett abschöpfen. Die Ente so lange braten, bis die Haut schön braun geworden und das Fett ausgelaufen ist. Dann mit etwas Weißwein ablöschen und die Sauce nochmals einkochen lassen.

Cantuccini

Mandelgebäck

Restaurant:
L'Albergaccio di Castellina

500 g Weizenmehl
250 g Zucker
3 Eier
abgeriebene Schale von 1 Zitrone
abgeriebene Schale von 1/2 Orange
2 EL Orangensaft
1 EL Vin Santo
ca. 25 g Anis, 1 Prise Salz
1 TL Backpulver
50 g Butter
1 EL Schweineschmalz
200 g ungeschälte süße Mandeln

Das Mehl auf ein Backbrett sieben und in der Mitte eine Mulde formen. In die Mulde den Zucker, die verschlagenen Eier, die geriebene Zitronen- und Orangenschale, den Orangensaft, den Vin Santo, Anis, Salz und Backpulver, Butter und Schmalz geben. Die Zutaten in der Mulde vermischen und nach und nach das Mehl von der Mitte her einarbeiten. Sobald fast das gesamte Mehl aufgebraucht ist, die Mandeln zugeben und mit den Händen den Teig fertig kneten. Dann kleine Mengen Teig zu Rollen von etwa 3 cm Durchmesser formen. Ein rechteckiges Backblech mit Butter einfetten und die Teigrollen mit etwa 4 cm Abstand voneinander auf das Blech legen. Das Blech in den vorgeheizten Ofen schieben und etwa 30 Minuten bei 180 °C backen (am besten gelingen die Cantuccini im Holzofen). Nach dem Backen die noch heißen Teigrollen schräg in etwa 2 cm breite Streifen schneiden. Das Gebäck ist, wenn es trocken aufbewahrt wird, längere Zeit haltbar.

Tagliatelle all' anatra

Bandnudeln mit Ente

Restaurant:
Il Molino delle Bagnaie

5-6 Portionen
1 Zwiebel
2 Knoblauchzehen
1 Stange Bleichsellerie
1/2 Möhre
2 EL Olivenöl
Innereien einer Ente
Fleisch von 1/2 Ente
1 Glas (100 ml) guter Rotwein
5-6 abgezogene Tomaten (evtl. aus der Dose)
Salz
Pfeffer
375-500 g frische Bandnudeln

Die Zwiebel, die Knoblauchzehen, den Sellerie und die Möhre waschen, putzen, klein schneiden und in Olivenöl leicht Farbe annehmen lassen. Die kleingehackten Innereien und das kleingehackte Fleisch hinzugeben und mit dem Glas Rotwein ablöschen. Anschließend die kleingeschnittenen Tomaten hinzugeben, salzen, pfeffern und 15 Minuten weiter köcheln lassen. Die in reichlichem Salzwasser gekochten Nudeln durch die Sauce schwenken und servieren.

Karneval

Karneval wurde im Chianti nie mit Maskenumzügen begangen. Nur die Kinder verkleideten sich und hin und wieder auch die Älteren. Für die Küche waren allerdings spezielle Speisen vorgesehen. Am „martedi grasso", am Faschingsdienstag, gab es Truthahn. Als wohlschmeckende Nudelspeise mit Fleischsauce seien für den letzten Tag vor der Fastenzeit „Tagliatelle all'anatra" (siehe Rezept Seite 46) vorgeschlagen. Heute werden sie aus frischem Entenfleisch hergestellt, früher waren die Fleischsaucen die Resteverwertung des Essens vom Vortag.

Für den Abend zur Veglia backten die Frauen Cenci (Krapfen) und die arbeitsaufwendigen, mit dem Waffeleisen gepreßten Brigidini (Anisgebäck). Mit dem süßen Gebäck sollte den Gästen zum Vin Santo etwas Besonderes angeboten werden. Aus Anlaß des Karnevals wurde zur Veglia auch getanzt. Und wenn das Orchester auch nur behelfsmäßig war, und allein der Nachbar es verstand, auf der Geige aufzuspielen, wurden rasch Tische und Bänke zur Seite geräumt und alles drehte sich im Tanz. Statt der Cenci und der Brigidini sei hier das Rezept der „Cantuccini" eingeschoben (siehe Rezept Seite 45), die früher nur zur Weihnachtszeit gebacken wurden. Jetzt sind sie das ganze Jahr über zu haben.

Die Zeit der „Veglia" ist lange vorbei. Heute treffen sich die älteren Männer in einer der vielen kaffeehausähnlichen Bars und spielen dort Karten und erzählen. Schaut man genau hin, fallen die wettergegerbten Gesichter der alten Bauern auf und ihre von der Feldarbeit schwieligen Hände.

März

Die Frühlingssonne erweckt die Natur zu neuem Leben: Sattes Grün überzieht die Wiesen, und die Felder verwandeln sich in grüne Teppiche. Die Laubbäume haben zwar noch keine Blätter, aber die ersten Frühjahrsblumen bringen bunte Farbtupfer. Büschelweise wachsen die gelben Schlüsselblumen am Bachlauf und veilchenblaue Blüten bedecken die Baumwurzeln. Die weiß-rosa Blütenpracht der vereinzelt in den Weinbergen stehenden Obstbäume – ehemals zur Stütze der Weinreben bestimmt, als noch keine Pfosten verwendet wurden – leuchtet auf den Terrassen über die Felder hinweg.

Heute wie früher wird im März die Erde sorgfältig umgegraben. Zogen allerdings bis in die 60er Jahre die Ochsen tiefe Furchen mit dem Pflug in die Erde und gruben die Männer beschwerlich mit dem Spaten, so pflügen heute Traktoren die Weinberge. Etwa sechsmal pro Jahr wird auch jetzt noch der Erdboden bearbeitet, um das Unkraut zu beseitigen, und damit das Regenwasser einsickern kann.

Die Arbeit auf den vielen kleinen Getreidefeldern entfällt zwar, aber weiter mühen sich viele Familien, ihren Gemüsegarten gut zu bestellen, und der Aufwand ist groß. Ein alter Spruch lautet: „Ein guter Garten will einen toten Mann – das bedeutet: völlig erschöpft von der Arbeit."

Köstlich sind zu dieser Zeit die nahe bei den Olivenbäumen und den Mäuerchen wild wachsenden Salate und Gemüse. Cecarini, Terracrepolo, Rosolacci und Cicerbita sind noch zu finden. Hinzu kommen Vitarbi, Strigoli, Panterrini, Latugacci und Latughino und die auch als Salat gezüchtete Rughetta. Dies sind Namen, die schon von einer Siedlung zur anderen leicht variieren. Dahinter verbergen sich die Waldrebe und viele Arten von Mohn- und Löwenzahngewächsen, auch die Butterblume, die hier „Piscacane" (Hundepisse) heißt. Die Qualität eines aus wild wachsenden Pflanzen zusammengestellten Salates besteht im vielfältigen, leicht bitteren Geschmack der frischen, knackigen Blättchen.

Eine spezielle Würze verleiht allem die Wurzel einer Pflanze, deren Aroma und Geschmack in etwa ungeschälten frischen Nüssen entspricht: die Salvastrella (Bibernelle oder Pimpinelle). „Kein Salat ist gut ohne Salvastrella", lautet ein Sprichwort. Für die Salatsauce nimmt man viel Olivenöl, etwas Weinessig und wenig Salz. Salat wurde und wird das ganze Jahr über gegessen. Zum roten und grünen Radicchio kommen diverse Sorten Schnittsalat, die an geschützten Stellen bis in den kalten Winter aus dem Garten geholt werden.

VERDURA A PINZIMONIO

Gemüsedip mit Olivenölsauce

Restaurant:
Il Molino delle Bagnaie

Verwendbar sind viele Gemüse, die Auswahl bestimmt die Jahreszeit z.B. Möhren, Sellerie, Paprikaschoten, Fenchel, Artischocken, Frühlingszwiebeln, frischer Knoblauch, Blumenkohl, Radieschen.

Olivenöl

Salz

frisch gemahlener weißer Pfeffer

Das Gemüse waschen, putzen, in Streifen schneiden. Reichlich Olivenöl, etwas Salz und Pfeffer in ein Schälchen geben und das in Streifen geschnittene Gemüse in die Sauce tunken.

Minestra di farro

Dinkelsuppe

Restaurant:
L' Albergaccio di Castellina

6 Portionen
1 l Wasser
300 g getrocknete weiße Bohnen (Cannellini)
2 Knoblauchzehen
1 kleiner Zweig Rosmarin
3 EL Olivenöl
500 g Dinkel
1 Möhre
1 mittelgroße Zwiebel
4 mittelgroße abgezogene Tomaten oder Tomaten aus der Dose
frisch gemahlener Pfeffer
Salz

Die Bohnen über Nacht einweichen, etwa 2 Stunden bei nicht zu starker Hitze kochen und dann zusammen mit dem Kochwasser passieren. In einem großen Topf den Knoblauch und den Rosmarinzweig in Öl ganz leicht Farbe annehmen lassen, dann die passierten Bohnen hinzufügen und so viel Wasser dazugießen, daß eine leicht dickliche Suppe entsteht. Die ganze Möhre, die ganze Zwiebel und die passierten Tomaten dazugeben und das alles zum Kochen bringen. Als letztes den Dinkel hinzufügen und etwa 40 Minuten kochen lassen. Die Suppe erst dann von der Kochstelle nehmen, wenn der Dinkel beginnt, ähnlich wie Popkorn zu platzen. Die Möhre und die Zwiebel herausnehmen. Die Suppe mindestens 2 Stunden, besser 24 Stunden ruhen lassen. Vor dem Servieren erwärmen.

Fritelle di Riso

Fritierte Reisküchlein

(Giovanni Righi Parenti, Küche der Villa)

150 g Avorioreis (oder Milchreis)
750 ml (3/4 l) Milch
Salz
50 g Zucker
3 Eier
abgeriebene Schale von 1 Orange (unbehandelt)
2-3 EL Weizenmehl
Olivenöl zum Fritieren
100 g Puderzucker
1 Päckchen Bourbon Vanille-Zucker

Den Reis in der Milch mit einer Prise Salz und dem Zucker so lange kochen, bis die Milch ganz verkocht ist, evtl. etwas Wasser oder Milch nachgießen. Über Nacht im Kühlschrank ruhen lassen. Die Eier gut verschlagen und zusammen mit der abgeriebenen Orangenschale und dem Mehl zum Reis geben und gut vermischen. Aus dieser Masse mit einem Eßlöffel kleine Küchlein abstechen, in etwas Mehl wenden und in sehr heißem Öl fritieren, abtropfen lassen. Puderzucker und Vanille-Zucker vermischen und die Küchlein reichlich damit bestäuben, um den Küchlein die nötige Süße zu verleihen.

La scottiglia di carni con pane (una specie di zuppa di carni)

Fleischtopf mit Brot (eine Art Fleischsuppe)

Restaurant:
Borgo San Felice

In einem weiten hohen Topf reichlich Olivenöl mit Peperoni und ungeschälten Knoblauchzehen erhitzen. Sobald das Öl heiß ist, das in nußgroße Stückchen geschnittene Fleisch und einen Zweig Rosmarin zugeben, salzen. So lange weiterbraten, bis das Fleisch eine kräftig braune Farbe angenommen hat.

Olivenöl extra vergine
Peperoni
ungeschälte Knoblauchzehen
Lammfleisch, Kaninchenfleisch, Huhn, Schweinerippchen
Rosmarin
Salz
Essig
Tomatenfilets (abgezogene, entkernte Tomaten)
Weißwein
toskanisches Weißbrot

Jetzt Essig hinzugießen und bei starker Hitze fast ganz einkochen lassen, dann die Tomatenfilets zugeben und weiterkochen. Wenn die Tomaten gar sind, mit Weißwein ablöschen und den Topf schließen. Bei geringer Hitze so lange weiterkochen, bis die Flüssigkeit auf zwei Drittel eingekocht ist. Das Brot in sehr dünne Scheiben schneiden, im Backofen (oder besser auf dem Grill) rösten und in Suppenteller legen. Zunächst etwas von der Fleischsuppe über das Brot geben, dann das Fleisch darauf verteilen. Sehr heiß servieren.

19. März – San Giuseppe.

Am Namenstag des heiligen Joseph ist es Sitte, die Verwandten von weither zum Mittagessen einzuladen. Zum Essen wird z. B. „Minestra di farro" (Gemüsesuppe mit Dinkel) gereicht (siehe Rezept Seite 49). Der Dinkel ist eine Weizenart, die längere Zeit in Vergessenheit geraten war und erst jetzt wieder – auch in Deutschland – in den Geschäften und Restaurants angeboten wird. Als Fleischgericht wird „La scottiglia di carni" (siehe Rezept Seite 52) aufgetischt. Der besondere Geschmack des Gerichtes kommt von der Mischung der verschiedenen Fleischsorten. Ursprünglich als Resteverwertung gedacht, bringt dieses Ragout eine reizvolle Variante.

Als Süßspeise gibt es traditionell die „Frittelle die San Giuseppe", kleine, in schwimmendem Olivenöl ausgebackene Reisküchlein (siehe Rezept Seite 50/51). Noch heute finden die Fritelle, von fliegenden Händlern auf dem Campo in Siena frisch gebacken, reißenden Absatz.

Im März schmecken die verschiedenen Schafskäse besonders köstlich. Jeder Bauer besaß eigene Schafe und darüber hinaus durchzogen früher große Schafherden zweimal im Jahr das Chianti. Im Winter weideten Schäfer die Tiere in den südlich gelegenen Ebenen, und im Sommer treiben sie die Schafe weit gen Norden in die hohen Berge des Apennin.

Jetzt im Frühjahr geben die Muttertiere, die Lämmer geworfen haben, mehr Milch. Die Region ist berühmt für ihre Schafskäse. Da kaum Rinder gehalten wurden, gab es keinen Käse aus Kuhmilch und es entwickelte sich auch keine Tradition für die Herstellung von Ziegenkäse.

Aus Schafsmilch hingegen wurden und werden diverse Käse gemacht. Wieder war es Aufgabe der Massaia, die komplizierte, viel Fingerspitzengefühl erfordernde Käseherstellung zu übernehmen. Nur noch ganz vereinzelt halten sich heute Familien Schafe. Für die größeren Schafherden, die man über die Hügel des Chianti ziehen sieht, sorgen meist aus Sardinien stammende Hirten, die die Schafsmilch an Molkereien verkaufen.

Pecorino fresco (frischer Schafskäse). Gewonnen aus gedickter Schafsmilch, ist der Käse drei bis vier Wochen alt, wenn er in den Handel kommt. Der kleine runde Käse besitzt eine hellgelbe Rinde und kann im Sommer im Butterfach des Kühlschranks aufbewahrt werden.

Pecorino stagionato (ausgereifter Schafskäse).
Der Käse muß drei Monate reifen und besitzt eine dunkle Rinde, weil er mit Tomatenkonzentrat, Olivenöl und Asche zur besseren Konservierung eingerieben wird. Zum Reiben ist der etwa ein Jahr alte Schafskäse am besten geeignet. Wichtig ist es, den Käse immer wieder zu wenden, so daß von allen Seiten frische Luft herankommt. Die Käse sollten nach Möglichkeit nicht im Kühlschrank, sondern an einem kühlen Ort aufbewahrt werden, damit ihr einzigartiger Geschmack erhalten bleibt.

Marzolino (im Monat März gewonnener Schafskäse).
Der Käse wird schon in mittelalterlichen Texten als Delikatesse erwähnt. Seine Qualität rührt von den ersten frischen, saftigen Frühjahrskräutern her, die ihm die Würze geben.

Fagioli all'uccelletto

Weiße Bohnen in Tomatensauce

(Restaurant:
L'Albergaccio di Machiavelli)

4-5 Blätter Salbei
2 ganze Peperoni
2 abgezogene Knoblauchzehen
3 EL Olivenöl
500 g passierte Tomaten
1 EL Tomatenmark
Salz
500 g gekochte weiße Bohnen (Cannellini)

Salbei, in Stücke geschnittene Peperoni und zerdrückten Knoblauch in dem Öl etwas Farbe annehmen lassen, die passierten Tomaten, das Tomatenmark und Salz zugeben und für etwa 5 Minuten bei schwacher Hitze einkochen lassen. Die gut abgetropften Bohnen unter die Tomatensauce mischen, bei mittlerer Hitze etwa 10 Minuten kochen lassen. Die Bohnen sollen ganz bleiben und nicht verkochen, wenn nötig noch etwas Wasser zugeben.

Chianti

Ricotta (ein Frischkäse).
Die Milch wird bis zum Kochen erhitzt, und es entsteht der ganz leicht körnige Frischkäse, der aus Schafsmilch einen volleren und köstlicheren Geschmack hat als aus Kuhmilch. Ohne Konservierungsstoffe hält sich Ricotta nur etwa vier Tage im Kühlschrank frisch. Ein Export dieser Spezialität ist deshalb schwierig. Es gibt jedoch in Deutschland Geschäfte, die diese Spezialität an bestimmten Tagen anbieten.

Ravaggiolo (ein Frischkäse).
Im Juni und in den folgenden warmen Monaten, wenn die Schafe nur noch wenig Milch gaben und die Käseproduktion wegen der Hitze kaum noch möglich war, verfertigte man aus der geronnenen Milch die „Raviggioli". Heute ist diese Spezialität auch im Chianti nicht mehr leicht zu finden. Der zarte, feine Geschmack des im Vergleich zur Ricotta etwas weniger cremigen Frischkäse entschädigt allerdings für die beschwerliche Suche. Der Export ist wieder dadurch erschwert, daß auch der Raviggiolo nur etwa vier Tage im Kühlschrank haltbar ist.

Der jetzt hier wie überall in Italien und im Ausland beliebte Mozzarella (Weichkäse aus Kuh- oder Büffelmilch) war ursprünglich ebenfalls nur auf eine Region begrenzt – die Gegend südlich von Rom.

Passato di fagioli al tartufo

Bohnenpüree mit Trüffeln

Restaurant:
Il Fortilizio

500 g getrocknete weiße Bohnen
4 abgezogene Knoblauchzehen
2 Zweige Rosmarin
4 EL Olivenöl
1 EL Tomatenmark
toskanisches Weißbrot
weiße Trüffel
Salz

Die Bohnen über Nacht in reichlich Wasser einweichen und dann in dem Einweichwasser mit etwas Salz in etwa 1 1/2 Stunden gar kochen, abgießen und das Wasser auffangen. Knoblauch und Rosmarin fein hacken und jeweils die Hälfte in 2 Eßlöffeln Olivenöl gut bräunen, dann durch ein feines Passiersieb passieren und auch die Bohnen durch das gleiche Sieb passieren (am besten mit dem Passierstab des Handrührgerätes). Das Tomatenmark und so viel von dem Bohnenwasser zugeben, bis eine sämige Konsistenz erreicht ist. Das Bohnenpüree mit Salz abschmecken und zum Kochen bringen. In der Zwischenzeit das Brot in kleine Würfel schneiden und mit dem restlichen Olivenöl, Knoblauch und Rosmarin in einer Pfanne rösten. Das Bohnenpüree in Steingutschalen servieren, mit reichlich gerösteten Brotwürfeln und den frischen, in sehr feine Scheibchen geschnittenen Trüffeln bestreuen. Dabei verbindet sich das Aroma der „gewöhnlichen" Hülsenfrucht Bohne wunderbar mit dem der Trüffel.

April

Endlich brechen die Knospen der Laubbäume auf, die Kastanien haben seit Mitte des Monats blühende Kerzen. Nur die Stämme der Steineichen zeichnen sich noch knorrig gegen den Himmel ab.

Die Zugvögel sind eingetroffen. Die Schwalben sitzen – wie im Bilderbuch – zwitschernd auf den Drähten, vom Wald her ruft der Kuckuck und auch der Wiedehopf mit seinem auffallenden orangefarbenen Gefieder fliegt mit seinem typischen, gleitenden Schmetterlingsflug über die Kieswege.

Früher lebten große Scharen von Mauerseglern in den extra für sie ausgesparten Öffnungen oben in der Häuserwand und nisteten dort. Nicht nur reine Tierliebe bewog die Bauern, für die Mauersegler zu sorgen. Von den Jungvögeln wanderte jedes Jahr eine Reihe als Mietzins in den Kochtopf oder an den Bratspieß. Zu einer Zeit, wo Fleisch für die Bauern eine Seltenheit war, waren auch kleine Vögel mit vielen Knochen beliebt. Etwas zynisch lautete ein Spruch: „Die singende Drossel, entweder läßt du sie alt werden oder sie wandert in die Pfanne." Da die Zeit des Fleischmangels vorbei ist und keinerlei Notwendigkeit mehr besteht, die kleinen Vögel zu essen, werden diese alten Rezepte bewußt ausgespart. Hingewiesen sei nur auf die „Fagioli all'uccelletto" (Bohnen in Tomatensauce – Bohnen nach Vogelart, siehe Rezept Seite 53), wozu man, wie bei der Zubereitung der Vögel, Salbei benutzte.

Sonnabend vor Palmsonntag.
Bis zu diesem Datum mußte der große Frühjahrshausputz abgeschlossen sein, denn man erwartete den jährlichen Besuch des Pfarrers. Alle Räume, eingeschlossen die Vorratskammern und die Ställe, wurden nach der langen Winterzeit gründlich aufgeräumt und geputzt. Liebevoll schmückte man zum Schluß das Madonnenbild: Aus buntem Papier schnitten und falteten die Frauen Schleifen und Blumen, die sie auf das Bild klebten.

Danach war das Haus bereit für die Ankunft des Pfarrers, der alle Räume durchschritt und sie mit Weihwasser segnete; ein Brauchtum, das sich in verschiedenen Familien bis heute erhalten hat.

Palmsonntag.
Aus dem Palmsonntag wurde im Chianti, wo Palmen nur ganz vereinzelt in geschützten Villengärten stehen, la Domenica delle Olive, der Olivensonntag. Zur Messe nahmen die Bauern ganze Olivenzweige mit, die sie geweiht mit nach Hause brachten und hinter die Heiligenbilder steckten. Auch jeder Weinberg und Olivenhain erhielt früher als gutes Omen einen gesegneten Olivenzweig. Zum sonntäglichen Mittagsmahl verwendet man an diesem Tag ganz bewußt Olivenöl und ißt z. B.: „Pollo fritto" (siehe Rezept Seite 58/59).

Als Nachspeise werden auch heute traditionsgemäß die Fritelle di riso zubereitet, die auch am St. Josephstag gegessen wurden.

Gründonnerstag.
Viele Bauern gingen in die morgendliche Messe um 10 Uhr, um dabeizusein, wenn, nach alter Tradition, die Kirchenglocken festgebunden wurden. Sehr einschneidend war das Verstummen der Glocken für die Bauern, denn das Läuten vermittelte ihnen die Tageszeit bei der Feldarbeit und im Hause.

Das Osterfest ist das wichtigste Fest des bäuerlichen Lebens, es wurde von den Bauern intensiv miterlebt, und viele Traditionen dieses Tages werden bis heute gepflegt.

Einige besonders gläubige Bauern begannen von Gründonnerstag, wenn die Glocken gebunden wurden, bis zum Lösen der Glocken am Ostersamstagmorgen zu fasten und sogar auf das Trinken von Wasser zu verzichten. Es bestand der Volksglaube, daß man auf diese Weise seine Seele vor dem Fegefeuer bewahren könne.

Karfreitag.
Die Kirchen und Altäre wurden mit vielen Blumen geschmückt.

Pollo fritto

Fritiertes Huhn

(Maria Bielli –
Küche der Villa)

1 kg Huhn entbeint, in etwa 20 Stücke geteilt
2 verschlagene, leicht gesalzene Eier
100 g Weizenmehl oder Semmelbrösel
600 ml Olivenöl
Salz
Pfeffer

Das Huhn in Stücke schneiden, in die verschlagenen Eier legen und anschließend in Mehl oder Semmelbrösel wenden. Dabei darauf achten, daß die Fleischstücke gut mit Mehl oder Semmelbrösel bedeckt sind. Das Huhn ins heiße Fett geben und in 10-15 Minuten goldbraun braten. Zum Schluß mit Salz und Pfeffer würzen.

Abends gegen neun Uhr zieht auch heute noch in diversen Orten eine Prozession mit dem Kruzifix durch die Straßen.

Am Karfreitag kam, wie häufig am Freitag, ein Fischgericht auf den Tisch. In den Wildbächen des wasserreichen Chianti gab es viele Süßwasserfische und Flußkrebse, die gerne gegessen wurden. Heute sind diese Gewässer leider vielfach verschmutzt und es leben darin kaum noch Fische.

Das ganze Jahr über aber waren Thunfisch und speziell der Stockfisch beliebt, den man getrocknet günstig bei den fahrenden Händlern kaufen konnte. Auch jetzt noch werden große Bündel von getrocknetem Stockfisch in den Geschäften und auf den Märkten angeboten, und es gibt für die Zubereitung diverse Rezepte (z. B. den Sformato di baccalá, siehe Rezept Seite 64/65), die aber für heutige, mit frischem Fisch verwöhnte Gaumen weniger interessant sind. Im Winter aß man gerne in Olivenöl eingelegten Hering. Das vorgeschlagene Rezept greift auf keinen dieser Fische zurück, sondern bringt ein Seebarschschnitzel, dessen Zubereitung die Raffinessen der Haute cuisine zeigt (siehe Rezept Seite 67).

Ostersamstag.
In dem florentinisch beeinflußten Chianti findet am Ostersamstag in einigen Orten ein dem berühmten „Scoppio del Carro" verwandter Brauch statt. Eine künstliche Taube wird während der Mitternachtsmesse durch eine Schrotladung an einem Draht aus der Kirche über den Stadtplatz gejagt. Alle verfolgen den „Flug" der Taube genau mit den Augen, denn, „fliegt" die Taube rasch und ohne zu stocken, ist ein gutes Jahr zu erwarten, bleibt sie hingegen stecken, dann …

ORTOFRUTTICO

SFORMATO DI BACCALÀ

Stockfischauflauf

(Carla Mazzei,
Bäuerliche Küche)

500 g eingeweichter Stockfisch
1 Glas (100 ml) Milch
1 Glas (100 ml) Wasser
4 mittelgroße Kartoffeln
Pfeffer
Muskatnuß
geriebener Parmesankäse
2 Eier
1 Bund Petersilie

Für die Béchamelsauce
50 g Butter
30 g Mehl
Milch

Den Stockfisch wenige Minuten lang in der vorgegebenen Menge Milch und Wasser kochen lassen und anschließend passieren. Die Kartoffeln kochen, ebenfalls passieren und zum Stockfisch geben. Aus den vorgegebenen Zutaten eine Béchamelsauce zubereiten und zu dem mit Kartoffeln vermengten Fisch geben. Mit Pfeffer und Muskatnuß abschmecken. Etwas geriebenen Parmesankäse hinzufügen. Die zwei verschlagenen Eier darunter rühren und die feingehackte Petersilie darüberstreuen. Das Ganze 30 Minuten im Wasserbad ziehen lassen, ohne daß das Wasser kocht. Zum fertigen Gericht eine Tomatensauce servieren.

Ostersonntag.
An diesem hohen Festtag ging und geht die Familie morgens früh zur Kirche und läßt die Ostereier segnen. Sie sind hier, wie überall, das Fruchtbarkeitssymbol für das Frühlingsfest. Nach der Messe gibt es zu Hause ein ausführliches Frühstück, z. B. mit einem Spargelomelett aus dem wild wachsenden dünnen, grünen Spargel und dazu kleine Würste, Salsicce. Der Wiesenspargel ist im Geschmack dem in Italien üblichen grünen Spargel ähnlich, der als Trieb über der Erde abgeschnitten wird.

Zum festlichen Mittagessen werden „Crostini bianchi" als Vorspeise zubereitet (siehe Rezept Seite 68/69) und Affettate wie Bastardo und Finocchiona serviert. Das Hauptgericht besteht aus Lammbraten. Zu Ostern schlachtete man die kleinen Lämmer, die nicht großgezogen werden sollten. Ein, zwei Tiere mußten an den Grundherrn als Abgabe entrichtet werden, andere wurden an die ziehenden Händler verkauft, und für den Eigenbedarf blieb meist nur ein Lamm übrig. Die weniger wertvollen Innereien wurden nicht mit verkauft und blieben im Hause. Darum gibt es so viele Rezepte für die Innereien aller Arten von Tieren bis hin zum Kaninchen. Dem heutigen Geschmack entspricht eher das folgende Osterrezept: „Agnello Scottadite" (siehe Rezept Seite 70/71), wo durch das Grillen das überschüssige Fett wegtropft und ein Ricottatörtchen. Die Tortina di ricotta ist eine neuere Version, Ricotta und Erdbeeren delikat miteinander zu verbinden (siehe Rezept Seite 72).

Ostermontag.
An „Pasquetta", dem Ostermontag, unternimmt auch heute noch gerne jede Familie eine kleine Fahrt zu Verwandten und Freunden oder zu einem beliebten Ausflugsziel. Während man früher aber erst am Nachmittag aufbrach und sich mit einem Picknick begnügte, bei dem es die mitgebrachte Salami und Pecorino auf der Wiese gab, ist es heute üblich, im Restaurant zu essen. Als erster Gang wäre zu dieser Zeit Malfatti (eine Nudelart) zu empfehlen.

Malfatti

Ricottaklößchen mit Spinat

Restaurant:
Le Logge

6 Portionen
1 kg Spinat
300 g Ricotta (italienischer Schafsquark)
1 Ei
Salz
geriebene Mußkatnuß
etwa 50 g geriebener Parmesan
Béchamelsauce
etwas Tomatensauce

Den Spinat waschen, in Salzwasser blanchieren, gut abtropfen lassen und grob hacken. Aus Ricotta, Spinat, Ei, Salz, Muskatnuß und 30 g geriebenem Parmesankäse einen Teig bereiten und daraus etwa tischtennisballgroße Klößchen formen. In eine feuerfeste Form 4 Klößchen pro Person legen, mit Béchamelsauce bedecken und mit etwas geriebenem Parmesankäse bestreuen. Jeweils in die Mitte etwas Tomatensauce zur Dekoration geben. Im Backofen bei 180 °C 5-10 Minuten gratinieren, bis sich eine leichte Kruste bildet.

Scaloppa di branzino impanata alle olive nere

Panierte Seebarsch-Schnitzel mit schwarzen Oliven

(Enoteca Pinchiorri)

500 g Seebarsch-Filet (ohne Haut und Gräten)
150 g schwarze Oliven ohne Kerne
200 g Grieß
200 g geschälte Kartoffeln
50 g Olivenöl Extra vergine
2 kleine Zweige frischer Thymian
Pfeffer
Salz

Das Seebarsch-Filet in 4 gleich große und ziemlich dicke Schnitzel schneiden, diese nur von einer Seite salzen und beiseite stellen. 120 g der schwarzen Oliven sehr fein hacken, mit dem Grieß vermischen und die Schnitzel damit auf der nicht gesalzenen Seite panieren. In der Zwischenzeit die Kartoffeln in Salzwasser gar kochen, abgießen, durch ein Sieb passieren und das entstandene Püree mit dem Olivenöl und dem gehackten Thymian vermischen, mit Pfeffer und Salz abschmekken und warmstellen. In einer beschichteten Pfanne die Seebarsch-Schnitzel in wenig Öl anbraten, nicht umdrehen. Nach 3 Minuten Bratzeit den Deckel auf die Pfanne legen, um die Hitze gleichmäßig zu verteilen und fertig garen. Das Püree nochmals erhitzen und auf 4 vorgewärmte Teller verteilen, je ein Schnitzel vorsichtig daraufgleiten lassen und mit den restlichen Oliven (30 g) und etwas Olivenöl rundherum garnieren. Sofort servieren.

Tip: Das Püree läßt sich evtl. durch die Zugabe von etwas Olivenöl geschmeidiger rühren.

Crostini Bianchi

"Weißes" Röstbrot
auf andere Art

(Giovanni Lazzeri,
Bäuerliche Küche)

200 g Mayonnaise
einige fein gewiegte Kapern
1 abgezogene, zerdrückte Knoblauchzehe
1 kleines Bund feingehackte Petersilie
2 EL zerpflückten Thunfisch aus der Dose
4 Scheiben toskanisches Weißbrot

Mayonnaise
1 Eigelb (darf nicht kalt sein)
Saft von 1/2 kleinen Zitrone
Pfeffer
Salz
1 Espressotasse Olivenöl

Alle Zutaten miteinander vermengen und auf die vorher gerösteten Brotscheiben streichen. Wenn die Mayonnaise frisch angemacht ist, hält sich der Aufstrich etwa 2 Tage im Kühlschrank.

Für die Mayonnaise Eigelb, Gewürze und Zitrone verrühren und das Öl tropfenweise unterschlagen.

Agnello Scottadite

Gegrilltes Lammfleisch (so heiß, daß man sich die Finger verbrennt)

Restaurant:
Il Molino delle Bagnaie

6 Portionen
1800 g Lammfleisch,
z.B. aus Rippe, Keule oder Schulter

Für die Sauce
2-3 zerdrückte und
fein gewiegte Knoblauchzehen
etwas fein gewiegter Rosmarin
etwas fein gewiegte Peperoni
einige fein gewiegte
frische Pfefferminzblätter
12 EL Olivenöl

Das Fleisch in kleine Stücke schneiden, nicht größer als 2 cm und für 15-20 Minuten über der Holzkohle grillen. Alle Zutaten für die Sauce gut vermengen und einige Stunden ziehen lassen. Vor dem Servieren über das heiße Fleisch gießen.

TORTINA DI RICOTTA IN SALSA DI FRAGOLE

Ricottatörtchen mit Erdbeersauce

Restaurant:
L' Albergaccio di Castellina

8 Portionen

Für die Ricottatörtchen
- *2 Blatt weiße Gelatine*
- *2 EL Milch*
- *250 g Ricotta oder gleichwertiger ital. Frischkäse*
- *50-75 g Zucker*
- *1 EL Vin Santo*
- *2 Eiweiß*

Für die Sauce
- *200 g aromatische Erdbeeren*
- *1-2 EL Zucker*
- *2-3 EL Maraschino-Likör*

Die Gelatine in kaltem Wasser einweichen, ausdrücken, in der Milch erwärmen und auflösen. Den Ricotta mit dem Zucker cremig rühren und unterrühren, den Vin Santo gut unterheben, zuletzt die aufgelöste Gelatine vorsichtig unterrühren. Die Eiweiß zu Schnee schlagen, unter die Creme heben und in leicht gefettete Förmchen (z.B. für Creme Caramel) füllen. Die Förmchen für 2 Stunden in den Kühlschrank stellen.

Die Zutaten für die Sauce in einen Topf geben, 5 Minuten kochen und dann im Mixer verquirlen. Die Törtchen auf je einen Teller stürzen und einige Löffel der Sauce (Zimmertemperatur) darübergießen.

Tagliata di manzo alla rucola

Rinderlende mit Rauke

Restaurant:
Villa Sangiovese

1 Stück Rinderlende (pro Person 150 g)
Salz
Pfeffer
Olivenöl (pro Person 2 EL)
reichlich Rauke
evtl. einige Tomaten

Das Fleisch von außen salzen und pfeffern und in Olivenöl in einer Pfanne (am besten geeignet ist eine gußeiserne Pfanne) von allen Seiten sehr kräftig anbraten. Feuerfeste Teller stark erhitzen, das Fleisch in sehr dünne Streifen schneiden, auf den heißen Tellern anrichten, mit Salz, Pfeffer und etwas Olivenöl würzen und mit den Raukeblättern und evtl. einigen abgezogenen, gewürfelten Tomaten bedecken. Das Fleisch brät auf den heißen Tellern weiter, während es serviert wird.

Mai

Der Mai bringt die langersehnten warmen Tage. Endlich haben alle Laubbäume im Chianti ihre Blätter bekommen. Überall leuchtet der betörend duftende gelbe Ginster, mit dem die Bauern vorzugsweise die Brotöfen heizten. Flammend rote Tupfen malt der Mohn in die grünen Wiesen und gelbe wie dunkelblaue Schwertlilien blühen am Straßenrand. Tausende von unscheinbaren kleinen weißen Blüten tragen die Olivenbäume.

Und nach einem längeren Regenschauer wachsen im Wald sogar schon Pilze (fungo gentile).

Die Arbeit der Bauern wurde nun immer intensiver. Es galt Futter für das Vieh zu schneiden und Heu zu mähen und einzulagern.

Aufmerksamkeit verlangt wie einst der Weinberg, der das ganze Jahr über betreut werden muß, damit die empfindlichen Rebstöcke nicht von Schädlingen befallen werden. Ehemals bedeutete das unermüdliche Handarbeit, und trotzdem konnten durch die Rebkrankheiten ganze Ernten vernichtet werden. Die heutigen chemischen Mittel verhindern dies, aber dadurch geht auch das vielfältige Tierleben verloren. Größere Insekten, die grüngolden schimmernden Eidechsen und viele Vögel sind verschwunden.

Montag, Dienstag, Mittwoch vor Christi Himmelfahrt.
An diesen drei Tagen fanden morgens in aller Frühe Bittgänge oder Flurprozessionen statt. Die Prozession bewegte sich auf schmalen Wegen durch die Felder und Weinberge der näheren Umgebung zu den vereinzelten Heiligenbildern und kleinen Kapellen, die der Pfarrer jeweils segnete und wo er um gute, reiche Ernte bat.
Dieser Brauch des Chianti, der seit den fünfziger Jahren der Vergangenheit angehört, steht in einer Traditionslinie mit den in vielen Kulturen üblichen Fruchtbarkeitsriten im Frühjahr, die das Wachstum und den Ertrag der Pflanzen steigern sollten.

In den Monaten April und Mai sind die Artischocken reif, die im Chianti sehr geschätzt werden. Die hier angebaute Pflanze, die relativ kleine Früchte trägt, macht nicht viel Mühe und braucht wenig Wasser, was während des trockenen Sommers günstig ist. Häufig findet man die Artischocken auch einfach nur an den Rand der Weinberge gesetzt. In der Küche werden sie nach wie vor auf vielfältige Weise zubereitet, wobei man die geviertelten Artischocken zunächst fritiert und sie dann, wie es typisch für die bäuerliche Resteverwertungsküche ist, entweder mit Sauce oder als Frittate reicht. Als Beispiel sei das Rezept der „Carciofi rifatti" vorgestellt (siehe Seite 78/79).

In Olivenöl eingelegt, sind Artischocken auch zur Winterzeit willkommen. Von der Artischocke werden aber nicht nur die Früchte gegessen. Wie bei verschiedenen anderen Gemüsen, versteht man es, alle eßbaren Teile zu nutzen. So bereitet man z. B. im Februar, März die jungen überschüssigen Triebe „cardi" als Spezialität zu.

CARCIOFI RIFATTI

Artischocken in Tomatensauce

Restaurant:
Le Vigne

6 Portionen

12 Artischocken „Morellini“
(kleine violette Artischocken)

Saft von 1 Zitrone

200 g Weizenmehl

2 Schöpflöffel passierte Tomaten
(nicht zu wässrig)

Olivenöl

Salz, Pfeffer

Die Artischocken putzen, die Stiele auf eine Länge von etwa 5 cm abschneiden und schälen, die harten äußeren Blätter und die Blattspitzen abschneiden, die Artischocken vierteln und in eine Schüssel mit Wasser und Zitronensaft legen (sonst werden sie schwarz). Dann gut abtropfen lassen, in Mehl wenden, in einen Topf mit heißem Öl geben und von allen Seiten hellbraun anbraten. Dann die passierten Tomaten zugeben, 5 Minuten kochen lassen und so viel Wasser zugeben, daß die Artischocken bedeckt sind. Mit Salz und Pfeffer würzen und einkochen lassen bis eine dickflüssige Sauce entstanden ist (etwa 20 Minuten), zwischendurch ab und zu umrühren.

PISELLI ALLA FIORENTINA

Erbsen nach Florentiner Art

Restaurant:
Le Vigne

1 kg frische Erbsen
4 EL Olivenöl
5 Knoblauchzehen
Salz
Pfeffer
200 g magerer, luftgetrockneter Speck
1 Bund Petersilie

Die Erbsen auspalen, in einen Topf geben und fast mit Wasser bedecken, 2 Eßlöffel Olivenöl, die ganzen Knoblauchzehen, Salz und Pfeffer zugeben. Etwa 30 Minuten bei geringer Hitze kochen, ab und zu umrühren. Wenn das Wasser zur Hälfte verkocht ist, den in Würfel geschnittenen und in dem restlichen Olivenöl angebräunten Speck zugeben und etwa 20 Minuten weiterkochen, bis das Wasser ganz verkocht ist. Mit reichlich gehackter Petersilie bestreuen.

Christi Himmelfahrt.
Für die Prozession wurden die kleinen Orte mit Papiergirlanden geschmückt, aus roten Rosenblättern und gelben Ginsterblüten bunte Muster auf den Boden gelegt. Alle Prozessionsteilnehmer waren besonders festlich gekleidet und häufig bot gerade die Himmelfahrtsprozession Anlaß für die Bäuerinnen, das einmal pro Jahr neu angeschaffte Kleid zu zeigen.
Die Tradition der Prozession hat sich, wie überall in katholischen Gegenden, bis heute erhalten.

Zur Morgenmesse nahmen die Bauern kleine Reisigbündel mit, um sie segnen zu lassen. Im Sommer wurden die Bündel bei heranziehendem Unwetter im Kamin verbrannt. Auf diese Weise hoffte man, die sintflutartig herunterprasselnden Regengüsse und gefährlichen Hagelschauer fernhalten zu können.

Mittags kommt, serviert mit frischen Erbsen „alla Fiorentina" (siehe Rezept Seite 80), traditionsgemäß ein Lammgericht auf den Tisch und vorher vielleicht Nudeln mit einer Sauce aus dicken Bohnen und Schafskäse.

Die „bacelli" oder „fave" genannten dicken Bohnen – am besten schmecke sie in den Monaten April und Mai – werden, wenn sie ganz frisch sind, auch gerne zusammen mit Schafskäse gereicht (siehe Rezept Seite 103).

Ravioli all' ortolana

Ravioli mit Gemüsesauce

Restaurant:
La Torre

4-6 Portionen
Für die Sauce
Italienische Saucenbasis (feingehackte in Öl geschmorte Kräuter)
50 g durchwachsener Speck
Butter
1 in Streifen geschnittene Paprikaschote
100 g Spinat (vorbereitet gewogen)
75 g frische Erbsen (ausgepalt)
10 Spargelspitzen
50 g roher Schinken
250 ml (1/4 l) Vin Santo
Salz
Pfeffer
Für den Nudelteig
300 g Weizenmehl
2 Eier
2 Eiweiß
2 EL Olivenöl
Salz
Für die Raviolifüllung
150 g frischer Ricotta
100 g gekochter und passierter Spinat
2 Eigelb
80 g geriebener Käse
Salz
Pfeffer
Muskatnuß

Für die Sauce die feingehackten Kräuter für die Saucenbasis zusammen mit dem kleingeschnittenen Speck in etwas Butter andünsten. Gewaschene Paprikastreifen, Spinat, Erbsen und Spargelspitzen und rohen Schinken dazugeben. 15-20 Minuten garen. Gegen Ende der Garzeit den Vin Santo darübergießen, mit Salz und Pfeffer abschmecken. Für den Nudelteig das Mehl auf die Tischplatte sieben, in die Mitte eine Vertiefung eindrücken. Eier, Eiweiß, Öl und etwas Salz verschlagen, in die Vertiefung geben, mit einem Teil des Mehl zu einem dicken Brei verarbeiten, von der Mitte aus alle Zutaten schnell zu einem glatten Teig verkneten. Sollte er kleben, noch etwas Mehl hinzufügen, den Teig 10 Minuten unter einem feuchten Tuch ruhen lassen.

RAVIOLI ALL´ORTOLANA
(Fortsetzung)

Für die Ravolifüllung Ricotta, Spinat, Eigelb und Käse gut miteinander vermengen, mit Salz, Pfeffer und Muskatnuß würzen. Die Hälfte des Nudelteiges mit etwas Mehl bestäuben, dünn zu einem Rechteck ausrollen, in der Mitte teilen. Auf eine Hälfte reihenweise in Abständen von je 3-4 cm walnußgroße Häufchen von der Füllung geben. Mit einem in Wasser getauchten Pinsel zwischen den Häufchen auf dem Teig quer und längs Linien ziehen, so daß kleine Quadrate entstehen (Wasser dient als Bindemittel, deshalb den Teig gut anfeuchten). Die zweite Teiglage darauf legen, gut auf die angefeuchteten Linien drücken, mit einem Teigrädchen den Linien folgend die Quadrate ausschneiden. Aus der anderen Nudelhälfte und Füllung in gleicher Weise Ravioli herstellen. Die Ravioli in reichlich Salzwasser und einem Eßlöffel Öl in etwa 10 Minuten gar kochen, gut abtropfen lassen. Die Ravioli in der Sauce erhitzen und servieren.

Die Zubereitung der Nudeln war, wie das Kochen überhaupt, wieder die Aufgabe der Massaia. Viele Stunden pro Tag waren dem Zubereiten der Mahlzeiten für die Großfamilie von manchmal 18 Personen gewidmet.

Erforderte das langsame Garen bei niedrigen Temperaturen auch viel Zeit und dauert wesentlich länger als beim Gas- oder Elektroherd, so verbessert es aber den Geschmack der Gerichte ganz wesentlich. Beim Kochen im Kamin standen zudem viele Variationsmöglichkeiten zur Verfügung, um die Hitze zu verändern: die Sorte und Menge des Holzes, die Höhe des an der Kette aufgehängten Topfes, die unterschiedlichen Roste zum Grillen usw.

Lange Jahrzehnte widmete sich die Massaia dem Kochen, und sie konnte reiche Erfahrungen sammeln, um die Nahrung möglichst schmackhaft zuzubereiten. Sie übergab den „Mestolo", den hölzernen Probier- und Rührlöffel, das Zepter ihrer Macht, erst im hohen Alter. Und von Generation auf Generation übertrug sich die Kochkunst einfach dadurch, daß man bei den Älteren zuschaute und lernte. Kochbücher brauchte man nicht, alles entwickelte sich aus der praktischen Erfahrung, und darum fällt es heute den alten Bäuerinnen so schwer, präzise Maßangaben für ihre Gerichte zu geben: „Das mach´ ich halt nach Augenmaß".

Bei verschiedenen Gerichten wie Ribollita, Minestra di Verdura und Panzanella (Bohnensuppe, Gemüsesuppe und Salat mit Brot) kennt noch heute jede Familie ihre eigenen Rezepte und unterschiedlich sind auch die Vorlieben für bestimmte Kräuter. Viel hing zudem davon ab, was Garten und Hof gerade in dem Moment boten, ob reiche Auswahl oder nur ein paar Blätter Mangold.

Nudeln wurden früher nur an Sonn- und Festtagen zubereitet. Vorrangig aß man die weniger aufwendigen nahrhaften Suppen. Aus Sparsamkeitsgründen verwendeten die Frauen für den Teig im Vergleich zu heute nur eine geringe Zahl an Eiern oder verzichteten sogar ganz darauf. Der ausgerollte Nudelteig wird geschickt zur Mitte hin zusammengelegt und dann mit dem Messer, je nach beabsichtigter Sorte, in verschieden breite Streifen geschnitten.

Pappardelle: (zwei Finger breit) geeignet zu kräftigen Fleischsaucen wie vom Hasen und Wildschwein.

Tagliatelle: (einen Finger breit) geeignet zu diversen Saucen.

Tagliarini: (schnürsenkelbreit) geeignet als Suppeneinlage.

Alle anderen Nudelsorten wie die aus Neapel stammenden Spaghetti, Makkaroni usw. fanden im Chianti erst nach dem zweiten Weltkrieg stärkere Verbreitung. Heute haben die industriell hergestellten, zeitsparenden fertigen Nudeln die Gemüsesuppen weitgehend verdrängt. Aber für spezielle Feiertage werden die Nudeln immer noch selbstgemacht (siehe Rezept Seite 84/85), und diverse Restaurants bemühen sich, ihren Gästen frische Nudeln zu bieten.

Pasta fatta in casa

Hausgemachte Nudeln

(Duilia Pianiggiani,
Bäuerliche Küche)

1 kg Weizenmehl
6 Eier (allgemein wird 1 Ei pro 200 g Mehl gerechnet)
Salz
Wasser

Das Mehl auf ein Backbrett geben, in der Mitte eine Mulde formen und die Eier hineingeben. Einige Eßlöffel von dem Mehl mit etwas Wasser und wenig Salz vermischen und ebenfalls in die Mulde geben. Jetzt mit einem Kochlöffel von der Mitte her das Mehl mit den Eiern vermischen und sobald der Teig fester wird, mit den Händen weiterkneten, bis das ganze Mehl untergeknetet und ein sehr fester und gleichmäßiger Teig entstanden ist. Diesen gut durchgekneteten Teig mit dem Nudelholz sehr dünn ausrollen (dabei immer wieder Mehl auf und unter den Teig streuen, damit er nicht anklebt) und für eine halbe Stunde auf einem Tuch ausgebreitet ruhen lassen. Der Teig ist jetzt leicht angetrocknet und kann aufgerollt und nach Wunsch in mehr oder weniger breite Streifen geschnitten werden; Pappardelle sind etwa einen Finger breit.

Pesto alla livornese

Nudelsauce nach Livorneser Art

Restaurant:
Villa Sangiovese

50 g Tomatenmark
40 g Pinienkerne, im Mörser zerstampft
1/2 EL Sardellenpaste
20 g abgelagerter geriebener Pecorino (italienischer Schafskäse)
20 g geriebener Parmesankäse
1-2 EL Olivenöl
1 abgezogene Knoblauchzehe, mit der Knoblauchpresse zerdrückt
etwas gemahlene Peperoni

Alle Zutaten zu einer cremigen Paste verarbeiten und mit Nudeln am besten „linguette" (zungenförmige, rauhe Nudeln), servieren.

Tip: Diese Sauce ist länger haltbar und schmeckt auch gut auf geröstetem Brot.

Juni

Noch zeigen sich die Bäume in ihrem frischen Grün. Blau blühen die wohlriechenden Lavendelkissen. Es riecht nach frischem Heu und in der Dunkelheit leuchten die Glühwürmchen. Auf den Fensterbrettern und in der Loggia haben jetzt überall die intensiv roten und rosafarbenen Geranien ihren Platz gefunden. Sie waren den Winter über geschützt untergebracht. Direkt daneben steht der aromatisch riechende Basilikum.

Es gibt das erste frische Obst des Jahres. Kleine Walderdbeeren von köstlichem Aroma und rote Kirschen, die von den Bauern nicht als Abschluß der Mahlzeit am Tisch, sondern direkt frisch vom Baum gepflückt und gegessen wurden.

Die vielen Obstbäume mit unterschiedlichen Sorten von Kirschen, Äpfeln, Birnen, Pflaumen und Pfirsichen werden kaum noch gepflegt. Nur wenige Bauern beschneiden die Bäume. Der Obstanbau lohnt sich nicht mehr, denn er bringt im rauhen Chianti keinen Gewinn.

Die Getreide- und Heuernte, verlangte früher den unermüdlichen Arbeitseinsatz aller zur Verfügung stehenden Familienmitglieder. Häufig wurde bei Mondschein bis spät in die Nacht gearbeitet, um das Getreide und das Heu vor dem Regen sicher in die Scheune zu bringen.

Die Arbeit am Weinberg verläuft heute im Juni ähnlich wie im Mai.

Pfingsten.

Das Fest, zugleich als „Pasqua di Rose" (zu deutsch: Ostern der Rosen) bezeichnet, spielt in der italienischen Tradition eine weniger wichtige Rolle als in Deutschland. Ein geeignetes Festessen zur Mittagszeit wären gebratene Täubchen (siehe Rezept Seite 89).

Die Tauben zählten mit zu den Hoftieren wie Hühner, Perlhühner, Enten, Gänse und Truthähne. Da die Tiere frei herumliefen oder -flogen, verlangte der Grundherr jedes Jahr eine bestimmte Anzahl als Abgabe und entschied zugleich über deren Zahl.

Ließ er seinen Pächtern einige Freiheit, und wirtschafteten sie geschickt, konnten sie so viele Tiere züchten, daß sogar kleine Gewinne erzielt wurden. Um möglichst viel verkaufen zu können, kam darum das Fleisch dieser Tiere nur zu speziellen Anlässen auf den Tisch.

Piccione arrosto

Gebratene Taube

(Daria Cinatti,
Bäuerliche Küche)

2-3 Portionen
1 Taube
Salbei
2-3 Knoblauchzehen
Salz

Die Taube säubern und etwas Salz, Salbei und die zerdrückten Knoblauchzehen ins Innere geben. Jeweils ein Salbeiblatt unter Flügel und Beine legen und die Taube mit Garn umwickeln. Etwa 1 Stunde bei 180 °C im Ofen garen. Dazu werden geröstete Kartoffeln serviert. Klein geschnittene Kartoffeln in die Fettauffangschale legen und unter die Taube schieben, so daß das austretende Bratfett die Kartoffeln würzt.

Foglie di bietola lesse

Gekochte Mangoldblätter

(Bianca Ruscio,
Bäuerliche Küche)

600 g gewaschene Mangoldblätter
Salz
Pfeffer
2-3 EL Olivenöl
2 abgezogene, feingehackte Knoblauchzehen
evtl. geriebener Pecorino

Die Mangoldblätter in wenig kochendes Salzwasser geben und in 15-20 Minuten gar kochen, abtropfen lassen und gut ausdrücken, dabei zu kleinen Bällchen formen. Mit dem Wiegemesser die Bällchen grob zerkleinern, salzen und pfeffern und mit Olivenöl beträufelt servieren. Oder in einer Pfanne mit Olivenöl und Knoblauch erwärmen und mit Pecorino abschmecken.

Am Pfingstmontag, in Italien ein normaler Werktag, gibt es als Gemüse z.B. Mangold, der von Mai bis November mehrfach im Garten frisch geschnitten werden kann, weil er immer wieder nachwächst. In der bäuerlichen Küche wird das dem Spinat verwandte Gemüse gerne zubereitet. Vom Geschick der Bäuerinnen, alles Eßbare in leckere Mahlzeiten zu verwandeln, zeugt neben den üblichen Rezepten Mangold mit Olivenöl (siehe Rezept Seite 90) und mit Tomatensauce (siehe Rezept Seite 92/93) eine für uns ungewöhnliche Zubereitung der Blattrippen.

23. Juni, Vorabend von San Giovanni (St. Johannes).

Holzabfälle und Äste, die weniger zum Feuermachen im Kamin oder im Backofen geeignet waren, wurden gegen 10 Uhr abends, wenn es dunkel war, zu einem großen Haufen zusammengetragen und angezündet. Überall in der Umgebung loderten in der Nacht auf den einzelnen Hügeln die Feuer auf und boten ein eindrucksvolles Bild. Die jungen Leute machten ein Fest daraus: In spielerischem Wettbewerb versuchte jede Familie ein größeres und leuchtenderes Feuer zu entfachen. Eine Parallele dazu gibt es im Norden: die Johannisfeuer.

Heute werden die abgeschnittenen Triebe der Reben an den Rändern der Weinberge sporadisch verbrannt, was allerdings im Sommer nicht erlaubt ist, da wegen der großen Trockenheit leicht Brände entstehen können.

24. Juni – San Giovanni.

Am Johannestag war es Tradition, am Morgen in aller Frühe Kräuter zu sammeln. Man hoffte, sie würden mit überirdischen Heilkräften ausgestattet sein und magische Hilfe bringen können. Was nur wie Aberglaube aussieht, hat einen realen Hintergrund: Gerade zu dieser Zeit sind manche Kräuter besonders heilkräftig.

An diesem Tag begann für viele Villenbesitzer der Sommeraufenthalt auf dem Lande. Schon lange vorher waren die Zimmer gelüftet worden, die Villa von dienstbaren Geistern geputzt und hergerichtet. Da die Schulferien in Italien gegen Mitte des Monats einsetzen und Siena und Florenz nur etwa eine Autostunde vom Chianti entfernt sind, fährt auch heute häufig zumindest ein Teil der Familie um diese Zeit aufs Land.

BIETOLA IN UMIDO

Mangoldblätter in Tomatensauce

(Beppe Parigi, Bäuerliche Küche)

2 abgezogene Knoblauchzehen
2 EL Olivenöl
500 g passierte Tomaten (Dose)
500 g gekochte Mangoldblätter
Salz

Den Knoblauch fein hacken, in Olivenöl leicht anbräunen, dann die passierten Tomaten zugeben und etwa 15 Minuten bei schwacher Hitze einkochen lassen, bis die Tomaten nicht mehr roh schmecken. Die Mangoldblätter in der Sauce erhitzen und mit Salz abschmecken.

Tip: Auf diese Art kann das Gemüse zusammen mit Salami oder Schinken oder auch Pecorino abends als komplettes Gericht gereicht werden. Natürlich kann man statt der Tomatensauce auch Fleischsauce verwenden.

Die Küche in der Villa unterschied sich, was die Verwendung von Obst und Gemüse betrifft, nicht von der bäuerlichen. Der Markt in Florenz war weit, und so mußte man auf die Produkte zurückgreifen, die der Gemüse- und Obstgarten der Villa bot. Und hier wuchs, was es auch in den Bauerngärten gab.

In der Villa stand aber alles in unbegrenzter Menge zur Verfügung – Gemüse, Obst, Käse, Fleisch, Wurst und Eier. Die geschulte Köchin aus der Stadt kannte die hohe Kochkunst und beherrschte viele kompliziertere Gerichte wie beispielsweise die so beliebten Gemüseaufläufe „Sformati".

Andere Speisen bereitete die Köchin jedoch auch nach der bäuerlichen Tradition zu, und gerade die einfache Zubereitung verleiht vielen Gerichten, u. a. wegen der gesunden und unverfälschten Zutaten, ihren hervorragenden Geschmack.

Manche Anregung bekam die Köchin auch direkt von den Bauern, denn es war üblich, daß eine junge Bäuerin, die heiraten wollte, sich für einige Monate in der Villa als Küchenhilfe gegen ein Zugeld verdingte. Und die Küchenhilfe wiederum verstand es, nach ihrer Lehrzeit ihrer Familie ein „Sformato" aufzutischen.

In der Villa konnte die Familie den städtischen Alltag hinter sich lassen und das Landleben genießen. Die Familienmitglieder widmeten sich gelassen und mit Genuß den zwei ausgiebigen und opulenten Mahlzeiten pro Tag. Mittags und abends wurden jeweils aufgetragen: Vorspeise, Suppe, Nudelgericht, Fleischgang, evtl. auch noch ein Fischgang, zwei verschiedene Gemüse, Obst und Süßspeise. Und dazu trank man die besten Weiß- und Rotweine aus dem Keller.

Jedes Mal wurde alles frisch zubereitet, und was nicht verspeist worden war, bekam das Personal. Denn eine Resteküche wie im Bauernhaus gab es in der Villa nicht.

Pappa con le erbe maritata

Tomatenbrei mit Kräutern

(Carla Mazzei, Küche der Villa)

Reichlich feingewiegte Gemüse und Kräuter wie Möhren, Zwiebel, Sellerie, Knoblauch
Olivenöl
Saucentomaten
altbackenes Brot von guter Qualität
Wasser
Fleischbrühe
Basilikum

Das feingewiegte Gemüse in Olivenöl andünsten, bis es leicht Farbe annimmt. Dann so viel frische Tomaten zugeben, daß es für die vorbereitete Brotmenge ausreicht. Das Brot kurz in Wasser legen, ausdrücken, zerbröckeln und anschließend in die Tomatensauce geben. Das Ganze gut umrühren, mit Salz abschmecken, etwas Brühe hinzufügen und 40 Minuten lang bei schwacher Hitze kochen lassen. Das fertige Gericht in kleine Suppenschüsseln, nach Möglichkeit aus Ton, füllen und abkühlen lassen. Vor dem Servieren mit Basilikumblättern garnieren. Bei Tisch einen guten Strahl Olivenöl über die Suppe gießen.

Pollo con prosciutto e limone

Huhn mit Schinken und Zitrone

(Carla Mazzei, Küche der Villa)

6-8 Portionen
1 großes Huhn (Poularde)
Salz, Pfeffer
1 Bund Salbei
80 g Schinken (gut durchwachsen)
2-3 EL Olivenöl
etwas Fleischbrühe
Saft von 1 Zitrone
6-8 geröstete Brotscheiben

Das Huhn innen und außen leicht salzen und pfeffern und reichlich frische Salbeiblätter hineinlegen (damit sich ein intensiver Salbeigeschmack entfaltet). Einen hohen Topf mit dem in Streifen geschnittenen Schinken auslegen, das Huhn darauflegen, etwas Öl zugeben und anbraten. Mit Brühe ablöschen und in etwa 60 Minuten fertig garen. Kurz vor dem Servieren Zitronensaft über das Huhn gießen. Die gerösteten Brotscheiben auf einer Platte anrichten und die Sauce darauf verteilen. Das Huhn in Stücke teilen und auf die Brotscheiben legen.

Dolce di Ricotta Fritta

Fritierter Ricotta

(Carla Mazzei, Küche der Villa)

2 Eier
250 g Ricotta (Schafsquark)
2-3 EL Weizenmehl
Olivenöl zum Fritieren

Die Eier trennen. Die beiden Eiweiß zu festem Eischnee schlagen. Die Eigelb mit dem Ricotta und dem Mehl gut vermengen. Zum Schluß vorsichtig das steifgeschlagene Eiweiß unterheben. Kleine Bällchen oder Kroketten formen und in siedendes Öl gleiten lassen. Sobald die Bällchen golden sind, heraus nehmen, auf Küchenpapier abtropfen lassen und mit Puderzucker bestäuben. Tip: Dazu reife Kirschen in einem zweiten Gefäß servieren. Oder mit Kakao, selbstgemachter Brombeermarmelade oder Honig servieren.

PAPPARDELLE ALLA CREMA DI FAVE

Bandnudeln mit einer Creme aus dicken Bohnen

Restaurant:
Borgo San Felice

Den Grieß und das Mehl mischen, auf ein Backbrett geben, in der Mitte eine Mulde formen und die Eier hineingeben. Einige Eßlöffel von dem Mehl-Grieß-Gemisch mit etwas Wasser und wenig Salz vermischen und ebenfalls in die Mulde geben. Jetzt mit einem Kochlöffel von der Mitte her das Mehl mit den Eiern vermischen und sobald der Teig fester wird, mit den Händen weiterkneten, bis das ganze Mehl untergeknetet und ein sehr fester und gleichmäßiger Teig entstanden ist. Diesen gut durchgekneteten Teig mit dem Nudelholz sehr dünn ausrollen und für eine halbe Stunde auf einem Tuch ausgebreitet ruhen lassen. Der Teig ist jetzt leicht angetrocknet und kann aufgerollt und nach Wunsch in mehr oder weniger breite Streifen geschnitten werden; Pappardelle sind etwa einen Finger breit. Die dicken Bohnen in kochendes Salzwasser geben, 2 Minuten kochen, abkühlen lassen. Die Außenhaut entfernen und die Bohnenkerne mit dem Olivenöl, Pfeffer und Salz im Mixer zu einer Creme verarbeiten. Diese in eine Pfanne geben und mit etwas Fleischbrühe verdünnen. Die Pappardelle in Salzwasser kochen und noch heiß mit in die Pfanne geben, einige Blätter Basilikum dazufügen, kurz vermischen und auf Teller verteilen. In Scheiben geschnittenen frischen Pecorino darüberlegen und im Backofen überbacken, bis der Käse geschmolzen ist.

Für die Nudeln
250 g Hartweizengrieß
750 g Weizenmehl
9-10 frische Eier
Salz
Für die Sauce
500 g dicke Bohnen ohne Hülse
Olivenöl Extra vergine
125 ml (1/8 l) Fleischbrühe oder das Bohnenkochwasser
frisch gemahlener schwarzer Pfeffer
Salz
frisches Basilikum
frischer Pecorino

Der das Mahl beschließende Kaffee, den man heute gern rasch in der Bar zu sich nimmt, war früher übrigens, wie die Schokolade, ein Luxus, der den Bewohnern der Villa vorbehalten war. Aus der Menüfolge greifen wir heraus: Pappa con le erbe maritata (siehe Rezept Seite 96/97), Pollo con Prosciuto e Limone (siehe Rezept Seite 98/99), Sformato di Zucchine (siehe Rezept Seite 102), Ricotta con le ciliege, Ricotta fritta (siehe Rezept Seite 100/101).

Juli

Die Sonne brennt jetzt heiß vom Himmel. Die schweren Erdböden sind so ausgetrocknet, daß sie Risse bekommen haben. Jede Fahrt auf den Straßen wirbelt Staubwolken auf. Menschen und Tiere suchen den Schatten. Zur Zeit der Mittagshitze ist alles still, nur das Zirpen der Zikaden ist weithin zu vernehmen. Würzig duften die Zypressen.

Eine harte und anstrengende Tätigkeit war für die Bauern das Dreschen des Getreides. Bis zum Beginn des Jahrhunderts mußte das Korn mit dem Dreschflegel gedroschen werden. Später wurden große Dreschmaschinen eingesetzt. Das Arbeiten in der trockenen, von Getreidestaub erfüllten Luft war aber auch dann noch recht strapaziös.

Für die härteste Arbeitszeit im Jahr bemühten sich die Bäuerinnen, kräftigende Mahlzeiten zu kochen. Eine ausgeglichene, der Arbeit angepaßte Küche war lebenswichtig, und die Massaia mußte das berücksichtigen; denn ein Arztbesuch kam bei den hohen Kosten nicht in Frage.

Häufig hatten die Frauen in diesen Tagen für vierzig Leute zu kochen, die alle für die Arbeit gestärkt werden wollten. Um das Dreschen in möglichst kurzer Zeit zu schaffen, kamen auch die Nachbarn, um zu helfen.

Für so viele Gäste, wie beim Essen während des Dreschens und für das wichtigste Familienfest, die Hochzeit, wurde monatelang sparsam gelebt und Essensvorräte gesammelt, um dann einmal alle in Hülle und Fülle bewirten zu können. Es war der Stolz der Gastgeber, allen eingeladenen Gästen so viel bieten zu können, daß sie die Mengen kaum bewältigen konnten. So wurde der ewige Traum vom Schlaraffenland einmal für kurze Zeit Wirklichkeit.

Früh am Morgen um 6 Uhr spendierte der Capoccia (der verantwortliche Bauer) für jeden Mann einen großen Schluck Vin Santo. Um 8 Uhr ging es dann nach der ersten Arbeit mit einem kräftigen Frühstück mit „Affettate" los und zur weiteren Stärkung aß man noch eine Frittata di Cipolle (siehe Rezept Seite 107).

Die Zwiebel zählt hier, wie in anderen bäuerlichen Gesellschaften, zu den wichtigsten Gemüsen. Im Chianti werden, wie überall in Italien, die dicken dunkelroten, von der Form her etwas flach gedrückten Zwiebeln angebaut. Es ist wichtig, für die Rezepte diese italienische Sorte und nicht die in Deutschland üblichen, wesentlich schärferen weißen Zwiebeln zu verwenden. Die Zwiebel wird das ganze Jahr über gegessen; die kleinen überschüssigen Setzlinge im Frühjahr sind genauso beliebt wie die ausgereifte Zwiebel, die zu langen Zöpfen geflochten wird und an luftigem Ort aufgehängt bis zur Ernte vom nächsten Jahr reichen muß. Wer die leichte Schärfe der Zwiebel nicht fürchtet, schneide einige dünne Scheiben an den gemischten Salat. Beim „Soffritto", den kurz angebratenen Kräutern und Gemüsen, die in den meisten Fällen die Saucenbasis bilden, wechselt je nach Gericht die Zwiebel mit dem Knoblauch ab.

Manchmal ist es aber auch der ganz persönliche Geschmack, der für Zwiebel oder Knoblauch Ausschlag gibt. Wer den intensiven Geruch des Knoblauchs fürchtet, kann auch die ganze, leicht gequetschte Zehe anbraten und anschließend aus dem Öl wieder entfernen.

Für die mit dem Dreschen beschäftigten Bauern ist inzwischen der Abendtisch gedeckt worden. Ein Augenzeuge aus den zwanziger Jahren erzählt: „Unter der Loggia ist die Tafel mit der grobleinenen, handgewobenen Tischdecke gedeckt, und es gibt die runden Brote, wie man sie auf den ‚Abendmahl'-Fresken sieht. Und diese großen, groben Weinkrüge, die ein wenig schief stehen. Brot und Wein nach Herzenslust. Heute wird in Saus und Braus gelebt; wer hart arbeitet, muß essen und trinken, ohne sich Zwang anzutun, sagt der verantwortliche Bauer und lädt alle ein Platz zu nehmen."

Frittata di cipolla

Zwiebelomelett

Restaurant:
Al Panino Boomba

2 große Zwiebeln
Olivenöl
8 Eier
Salz
Pfeffer

Die Zwiebeln abziehen, in feine Streifen schneiden und langsam in Olivenöl anbraten. Sobald sie goldgelb geworden sind, die verschlagenen, leicht gesalzenen und gepfefferten Eier darübergießen. Hin und wieder das Omelett etwas bewegen, damit es nicht ansetzt. Von jeder Seite etwa 5 Minuten braten, dabei zum Wenden evtl. einen flachen Topfdeckel zu Hilfe nehmen.

Coniglio farcito

Gefülltes Kaninchen

Restaurant:
La Torre

6 Portionen
1 entbeintes Kaninchen
1 Zwiebel
1 Bund Petersilie
2 EL Olivenöl
150 g gehacktes Kalbfleisch
100 g gehackte Hühnerleber
50 ml Weißwein
Salz, Pfeffer
2 Eier
100 g geriebener Parmesan
5 Salbeiblätter
4 Scheiben durchwachsener Bauchspeck
2 gekochte Eier
4 entkernte schwarze Oliven
2 Rosmarinzweige
1 Glas (100 ml) Weißwein
falls notwendig 1/4 l Fleischbrühe

Die kleingehackte Zwiebel und die Petersilie in Olivenöl glasig werden lassen. Das gehackte Kalbfleisch und die gehackte Hühnerleber hinzufügen, für 10 Minuten braten und anschließend mit einem halben Glas Weißwein löschen. Salzen und pfeffern und vom Feuer nehmen. In einer zweiten Pfanne in der Zwischenzeit aus zwei rohen Eiern ein Omelett backen (die italienische Frittata ist fest und relativ niedrig).

Das Omelett in kleine Stücke zerschneiden und mit dem Käse und dem Fleisch vermengen. Das entbeinte Kaninchen auf einen Tisch legen, leicht salzen und pfeffern und darauf die Salbeiblätter verteilen. Die Füllung auf folgende Weise schichten: eine Lage Fleischmischung, eine Lage durchwachsener Bauchspeck, eine Lage gekochte Eierscheiben mit den klein geschnittenen Oliven. Das Kaninchen zusammenrollen und mit einem Faden zusammenbinden, unter den die Rosmarinzweige gesteckt werden. In einem Schmortopf bei geringer Hitze für 40 Minuten garen. Während des Kochens mit den Rest des Weines und etwas Fleischbrühe begießen. Nachdem das Kaninchen gar ist, es zwei Stunden abkühlen lassen und anschließen in Scheiben aufgeschnitten servieren.

Für das Essen am Dreschtag war der Brotofen extra befeuert worden, und knusprige Hähnchen und Enten verbreiteten ihren Duft. Außerdem gab es gefüllte Kaninchen (siehe Rezept Seite 108).

Das Kaninchen war das wichtigste Tier für den Fleischbedarf der bäuerlichen Familien. An den Grundherrn mußten keine Abgaben davon gezahlt werden, und da die Tiere in Ställen gehalten wurden, konnte er auch keinen Einfluß auf ihre Zahl nehmen. Zudem sind die genügsamen Mümmelmänner schon mit etwas Grünfutter zufrieden und vermehren sich rasch. Aber da sich die Frauen mit dem Verkauf der Kaninchen an vorbeiziehende Händler wieder ein kleines Zubrot verdienen konnten, wurde auch dieses Fleisch nicht sehr häufig gegessen.

Es gibt eine Vielzahl von Rezepten für die Zubereitung des Kaninchens gebraten, gekocht, mit Sauce und zum Schluß, wie immer, als Fleischklößchen. Das hier vorgeschlagene Rezept „Coniglio farcito" war beliebt, denn mit der Füllung konnte die Menge des Bratens erheblich vergrößert werden.

An dem großen Tisch mit den zahlreichen Nachbarn ging es hoch her und es gab viel Spaß. Die Hungrigsten beteiligten sich an den beliebten Wettessen. Wer konnte die meisten „Patate col manico" (Kartoffeln mit Griff, es sind gefüllte Hühnerhälse gemeint) essen und wer schafft es, die meisten Eier herunterzuschlingen? Der Sieger, der einen kräftigen Magen besitzen mußte, wurde ob seiner Leistung allseits gebührend gefeiert.

PATATE ARROSTO

Ofenkartoffeln

(Daria Cinatti, Bäuerliche Küche)

4 große Kartoffeln
4 EL Olivenöl
375 ml (3/8 l) trockener Weißwein
3-4 abgezogene Knoblauchzehen
3-4 Zweige frischer Rosmarin
etwas Salz

Die Kartoffeln schälen und in kleine Würfel schneiden. Zusammen mit dem Olivenöl, dem Wein, den ganzen Knoblauchzehen und dem vom Zweig gepflückten Rosmarin in die Fettpfanne des Backofens geben, leicht salzen. Etwa 30-40 Minuten bei 200 °C im Backofen garen.

Tip: Im Chianti reicht man die Kartoffeln zu im Ofen gegrilltem Fleisch (z. B. Taube), das auf einem Bratrost über der Fettpfanne zubereitet wird. Das herabtropfende Fett macht die Kartoffeln besonders lecker. Ersatzweise kann man die Kartoffeln ab und zu mit Olivenöl beträufeln.

August

Zur Ruhepause der Vegetation im Winter kommt in den Mittelmeerländern die des Sommers. Die glühende Sonne hat Gräser und Blumen, die nicht an schattiger Stelle wachsen, ausgetrocknet. Die der Hitze angepaßten Pflanzen verbergen ihre Samen in harten Kapseln, und diese öffnen sich erst nach heftigen Regenfällen. In den Chiantibergen wird die Luft aber nie stickig, und immer wieder bringt der leichte Wind Erfrischung. An den Berghängen und am Wegesrand reifen die alles überwuchernden Brombeerranken, eine willkommene Abwechslung für die Kinder.

Ruhiger verläuft die Arbeit im August. Früher mußten die Bohnen und Kichererbsen gedroschen werden. Arbeit erfordert, wie immer, der Weinberg. Zum letzten Mal vor der Weinlese wird der Boden bearbeitet, damit die Erde die Sonnenwärme ganz intensiv aufnehmen und an die Reben weitergeben kann. „Wenn du guten Wein willst, dann hacke die Erde im August", lautet ein alter Spruch. Einige Male im Jahr fanden Jahrmärkte statt. Sie waren ein beliebter Anziehungspunkt für die ganze Umgebung.

Großes Gedränge und Stimmengewirr herrschte dann in den Orten, wo es sonst ruhig und still zuging. Die Händler boten ihre Waren an, Töpfe, Geschirr, Messer, Stoffe und Kurzwaren. Auf dem gleichzeitig stattfindenden Tiermarkt wechselten Kühe, Stiere, Schafe und Schweine ihre Besitzer, und jeder kaufte von den saftigen Melonen, die von weit her aus dem Süden transportiert wurden, und es hieß: Die Wassermelone ist nützlich für drei Dinge: „Sie nimmt den Durst, stillt den Hunger und wäscht das Gesicht".

Die Zeit der großen Jahrmärkte ist vorbei, obwohl hier und da versucht wird, an die alte Tradition wieder anzuknüpfen. Aber Märkte finden in den verschiedenen Orten wie Greve, Castellina, Panzano und San Casciano noch jede Woche statt.

Große Tiere sind längst nicht mehr zu haben, nur kleine verschüchterte Küken und Enten werden feilgeboten. Wer will, kann ein neues Sommerkleid erstehen oder bei den Haushaltswarenständen das alte Sieb zum Abgießen der Nudeln ersetzen.

Es gibt aber noch den Käsehändler, der seine vielen appetitlichen Sorten anpreist, und dichtes Gedränge herrscht vor der Bude, wo ein gefülltes Schweinchen – „Porchetta" – viele Liebhaber findet. Auch diverse Schinken und die reiche Palette der Würste aus dem Chianti warten auf ihre Käufer.

Das beste Geschäft machen die Gemüsehändler, die eine reiche Auswahl aller Obst- und Gemüsesorten der Saison anbieten. „Nostrale", auf deutsch „unsrig", womit der Gemüseanbau aus der Umgebung gemeint ist, wird besonders gern gekauft. Verführerisch, wie auf einem üppigen Stilleben arrangiert, laden die vollen saftigen Feigen, der grüne frische Salat und die roten, festen Tomaten zum Kauf ein.

Pomodori in vetro

Eingemachte Tomaten

(Sonia Fontani,
Bäuerliche Tradition)

Pro Glas mit 1-Liter-Fassungsvermögen

1 kg Tomaten (am besten längliche Saucentomaten)
4 abgezogene Knoblauchzehen
8 Basilikumblätter
1/2 TL Salz

Die Tomaten kurz in heißes Wasser geben, die Haut abziehen, falls gewünscht, die Kerne entfernen. Jetzt die Tomaten abwechselnd mit je 1 Knoblauchzehe und 2 Basilikumblättern in ein Schraubglas schichten (es entstehen ca. 4 Schichten), das Glas muß gut gefüllt sein. Zum Schluß 1/2 Teelöffel Salz (aufgelöst in 2 Eßlöffeln Wasser) darübergießen und das Glas verschließen. Für 25 Minuten in heißem Wasser sterilisieren.

Erfrischend ist jetzt zur Sommerzeit die Tomate (pomodoro, deutsch: Goldapfel), die im Chianti und eigentlich für ganz Italien das wichtigste Gemüse in der heißen Zeit ist. Am besten schmecken die etwa von Juni bis Oktober geernteten Früchte. Es gibt heute hauptsächlich drei Sorten von Tomaten:

Saucentomaten (pomodori da sugo). Die längliche, eiförmige Tomate, die tief dunkelrot sein muß, wird frisch durch ein Sieb gedrückt und kalt mit Kräutern angereichert. Oder man kocht sie längere Zeit (mindestens 15 Minuten) mit dem „Soffritto". Für die Dosentomaten aus Italien („pelati, deutsch: geschält") wird ebenfalls diese Sorte verwandt. Früher kochten die Frauen selber viele Gläser Tomatenkonzentrat für den Winter ein. Heute noch werden zahlreiche Gerichte mit Tomaten abgeschmeckt, um die aromatische süße Würze der Tomaten zuzufügen. Manchmal aber auch, damit die Speisen – vielleicht nach mittelalterlicher Tradition, wo die farbige Präsentation des Essens so große Bedeutung besaß – appetitlicher aussehen.

Salattomaten (pomodori da insalata). Das sind die großen, von der Form her etwas breitgedrückt erscheinenden Fleischtomaten. In Italien werden sie gern noch etwas grün gegessen, obwohl das darin enthaltene Solanin nicht gesund ist. Wenn man die Tomaten nicht als Salat essen will, schmecken sie köstlich einfach in der Mitte aufgeschnitten, mit Salz bestreut und mit Olivenöl beträufelt. Ein Basilikumblatt dient als Schmuck und rundet den Geschmack ab.

Kleine runde Tomaten (bomboloni). Diese auf Feldern wie in kleinen Trauben wachsenden Tomaten, die nicht gegossen werden müssen, besitzen ein wesentlich intensiveres Aroma als die beiden anderen Tomatensorten. Sie werden im Herbst geerntet und dann an gut durchlüfteter Stelle den Winter über aufgehängt. Man kann sie verwenden, um eine besonders gute Sauce geschmacklich zu ergänzen, oder einfach als Brotbelag. Hierfür wird eine Scheibe Brot geröstet, und zuerst mit Knoblauch und dann mit der Tomate eingerieben. Einige Tropfen Olivenöl und Salz vollenden den Genuß.

Sugo di pomodoro

Tomatensauce

(Emilietta Lazzeri, Bäuerliche Küche)

1 Bund Petersilie
1 große Zwiebel
1 große Möhre
2-3 Knoblauchzehen
2-3 Stengel Staudensellerie
1 Bund Basilikum
Olivenöl
500 g reife Tomaten
Salz

Das Gemüse putzen, fein hacken und in Olivenöl leicht anbräunen, dann die in Stücke geschnittenen Tomaten zugeben und 1/2 Stunde kochen lassen, mit Salz abschmecken. Durch ein Sieb passieren und nochmals 1/2 Stunde kochen lassen. Kurz vor dem Servieren etwas Olivenöl zugeben (danach nicht mehr kochen).
Tip: Diese Sauce hält sich mehrere Tage.

PINOLATA

Torte mit Pinienkernen

(Bianca Ruscio,
Bäuerliche Küche)

8-10 Portionen
Für die Creme
3 Eier
3 EL Zucker
300 ml Milch
3 EL Weizenmehl
Für den Teig
1 Ei
150 g Zucker
350 g Weizenmehl
100 g Butter
50 ml Milch
1 Päckchen Backpulver
100 g Pinienkerne

Zuerst die Creme zubereiten (etwa 30 Minuten vor dem Backen). Die Eier gut mit dem Zucker verschlagen, nach und nach die Milch zugeben, das Mehl unter ständigem Rühren dazusieben (darauf achten, daß sich keine Klumpen bilden). Jetzt auf mittlerer Flamme langsam zum Kochen bringen und 5-10 Minuten kochen lassen, dabei ständig rühren! Dann abkühlen lassen.
Das Ei mit dem Zucker verschlagen, nach und nach das Mehl und die im Wasserbad geschmolzene Butter zugeben, dann die Milch und das Backpulver unterrühren, alles gut vermischen. Den Teig ausrollen und mit etwa der Hälfte eine mit Butter eingefettete Backform auslegen, die Creme daraufgeben und gut die Hälfte der Pinienkerne darüberstreuen. Dann mit dem restlichen ausgerollten Teig bedecken und die übrigen Pinienkerne daraufstreuen. Es entsteht eine etwa 3-4 cm hohe Torte. Im Backofen bei 180 °C 30-40 Minuten backen.

Crespelle al basilico

Crêpes mit Basilikum

Restaurant:
La Tenda Rossa

6 Portionen
Für die Crêpes
120 ml Milch
60 g Weizenmehl
3 Eier
Salz
Butter
Für die Basilikumcreme
100 g Basilikum
1 EL Béchamelsauce
1 TL geriebener Parmesan
Salz
Für die Tomatensauce
500 g frische Tomaten
10 Blätter Basilikum
2 EL Olivenöl
Salz, Pfeffer

Alle Zutaten im Mixer so lange vermischen bis eine homogene Masse entstanden ist, etwa 20 Minuten ruhen lassen. In einer kleinen Pfanne die Butter zerlassen und mit einer Schöpfkelle den Teig hineingeben. In wenigen Sekunden die Crêpes bei geringer Hitze braten, man erhält 12 Crêpes von etwa 22 cm Durchmesser. Die Crêpes für 24 Stunden an einem kühlen Ort ruhen lassen.

Die Basilikumblätter in etwas kochendes Salzwasser geben und kurz aufkochen lassen. Dann die Blätter im Mixer pürieren. Das Püree mit der dickflüssigen Béchamelsauce und dem Parmesankäse vermischen und so lange schlagen, bis eine homogene Masse entstanden ist. Die Masse etwas abkühlen lassen, damit sie sich besser weiterverarbeiten läßt, und dann auf die Crêpes streichen. Die Crêpes dreimal falten (wie ein Taschentuch) und auf Backpapier für 5-6 Minuten bei 200 °C in den Backofen schieben. Die Tomaten kurz in kochendes Wasser tauchen, enthäuten und entkernen, in kleine Stückchen schneiden und mit dem gehackten Basilikum, Salz, Pfeffer und Olivenöl anmachen. Sobald die Crêpes aus dem Ofen kommen, die Tomatensauce darübergießen und sofort servieren.

Cosce e schiena di coniglio al dragoncello

Kaninchenschenkel und -rücken in Estragon

Restaurant:
La Tenda Rossa

Für die Füllung
50 g frische Estragonblätter
100 g zarte Mangoldblätter
150 g Rinderhirn, ganz frisch
1 Ei
1 Eigelb
50 g geriebener Parmesankäse
Salz
Pfeffer

1 küchenfertiges Kaninchen von 1400-1500 g
2-3 EL toskanisches Olivenöl „Extra Vergine"
einige Salbeiblätter
1 abgezogene Schalotte
10 schwarze Pfefferkörner
Salz
100 ml guter, trockener Sekt (oder guter, trockener Weißwein)
2 l gute Kraftbrühe

Die Estragon- und die Mangoldblätter waschen, auf Dampf garen, so daß sie noch Biß haben, ausdrücken und mit dem Messer nicht zu fein hacken. Das gut von Haut und Nerven befreite Rinderhirn in kleine Würfel schneiden, die Eier, den geriebenen Parmesankäse, Estragon und Mangold zugeben und gut vermischen, salzen und pfeffern.
Das Kaninchen in drei Teile zerlegen: Die beiden Schenkel und die Lende in ihrer ganzen Länge entbeinen. Dann die Schenkel mit der vorbereiteten Füllung füllen (die offene Seite wird mit Zahnstochern zugesteckt), mit der Lende ebenso verfahren (wieder mit Zahnstochern zustecken und mit Ringen aus Küchengarn verstärken).
(Fortsetzung Seite 120)

Cosce e schiena di coniglio al dragoncello
(Fortsetzung)

Die Fleischstücke in einen großen Schmortopf legen und mit dem Olivenöl, den Salbeiblättern, der ganzen Schalotte und den Pfefferkörnern zusammen vorsichtig anbraten, salzen und mit dem Sekt (Wein) ablöschen. Den Sekt (Wein) einkochen lassen, die heiße Brühe zugießen und für etwa 30 Minuten im Backofen bei 200 °C braten; zwischendurch drei- bis viermal umdrehen. Den Schmortopf aus dem Ofen nehmen, die drei Fleischstücke herausnehmen, in Aluminiumfolie einwickeln und warm stellen. Den Bratenfond nach Wunsch einkochen lassen. Die Lende und die Schenkel schräg in ca. 1,5 cm dicke Scheiben schneiden, auf vier gut vorgewärmte Teller verteilen und mit der durch ein Sieb gegossenen Bratensauce beträufeln. Sofort servieren.
Tip: Lassen sie Kaninchenrücken und -schenkel von ihrem Metzger entbeinen. Sie können das Rinderhirn durch Kalbsbrät ersetzen.

Anders als bei den Bauern verlief das Leben in der Villa. Schon immer war es Tradition, Freunde und Verwandte für einen längeren Aufenthalt einzuladen. Gästezimmer standen reichlich zur Verfügung. Früher, als die Straßen noch holperig waren und die Verkehrsmittel unbequem, war das Leben in der Villa manchmal recht langweilig und Freunde waren zur Unterhaltung und Gesellschaft gern gesehen. Fahrten und Ausritte mit den eigenen Pferden wurden in die nähere Umgebung unternommen. Einst liebten es die Damen, sich mit feinen Stickarbeiten und der Aquarellmalerei die Zeit zu vertreiben. Heute wie früher finden Hauskonzerte statt, die jetzt vielfach öffentlich sind und bei denen der Besucher des Chianti auch die Festräume der Villen von innen kennenlernen kann.

Als festliches Menü für die Gäste wären folgende Speisen zu empfehlen: Crespelle al Basilico (siehe Rezept Seite 118), Coniglio al dragoncello (siehe Rezept Seite 119/120) und die Pinolata, ein neueres Kuchenrezept, das sehr beliebt ist (siehe Rezept Seite 116/117).

Süße Kuchen waren früher – bis auf wenige Ausnahmen – der Küche der Villa vorbehalten. Weniger der Arbeitsaufwand war ausschlaggebend, als der hohe Preis des Zuckers. Denn Zuckerrüben wurden erst spät in Italien angebaut und Zucker war bis in das 19. Jahrhundert eine Kostbarkeit. Aus diesem Grunde griffen die Bauern gerne auf zuckerhaltige Früchte als Ersatz zurück.

Aus der alltäglichen bäuerlichen Küche hingegen stammen folgende Rezepte: Minestrone di verdura (siehe Rezept Seite 121) und Acciughe condite (siehe Rezept rechts).

Acciughe condite

Eingelegte Sardellen
(Daria Cinatti, Bäuerliche Küche)

200 g Sardellen (frisch oder in Salz oder Öl konserviert)
Zitronensaft
1 Bund Petersilie
3-4 Knoblauchzehen
Olivenöl

Die Filets der frischen Sardellen 3-4 Stunden in Zitronensaft marinieren. In Salz oder Öl konservierte Sardellenfilets unter fließendem Wasser gründlich abwaschen und abtrocknen. Petersilie und abgezogene Knoblauchzehen fein wiegen, abwechselnd mit den Sardellenfilets in ein Glas schichten und so viel Olivenöl dazugießen, daß alles gut bedeckt ist. Einige Tage im Kühlschrank ziehen lassen und dann mit Brot als Vorspeise servieren.

MINESTRONE DI VERDURA

Gemüsesuppe

Restaurant:
Il Girarrosto

200 g Mangold, vorbereitet gewogen
1 kleine Zucchini, 125 g, vorbereitet gewogen
50 g grüne Bohnen, vorbereitet gewogen
1 Möhre
3 mittelgroße Kartoffeln
1 kleine Porreestange,
200 g Weißkohl, vorbereitet gewogen
1 kleine Zwiebel
50 g Erbsen (ausgepalt)
1 dünne Rippe Staudensellerie
125 g geschälte Tomaten
Salz
Olivenöl

Das Gemüse putzen, waschen und klein schneiden (die Stücke sollten nicht größer als ein Fingernagel sein), in etwa 2 Liter Wasser mit Salz aufsetzen, zum Kochen bringen und auf kleiner Flamme etwa 1 1/2 Stunden kochen lassen. Vor dem Servieren etwas Olivenöl zugeben.
Tip: Die Suppe mit kleinen gekochten Nudeln servieren.

September

Noch sind die Tage oft heiß, aber Herbstgewitter bringen eine länger andauernde Abkühlung. Wo der Regen auf die ausgedörrte Erde fällt, wächst sofort frisches grünes Gras nach. Gelb blühen die Stauden auf den verlassenen Feldern.

Gegen Abend sind deutlich die Rufe der Fasanen und ihrer Jungen zu hören. In der feuchten Erde findet man die Spuren von Wildschweinen. Beide Tierarten haben sich erst in den letzten Jahren eingebürgert. Von den Jägern wurden sie ausgesetzt und inzwischen haben sie sich vermehrt. Sie sind ein beliebtes Wild, seit es nur noch wenige Hasen und kaum Wachteln gibt und auf die meisten Zugvögel nicht mehr geschossen werden darf. Doch da die Wildschweine süße, reife Trauben auch sehr lieben, muß man versuchen, die nächtlichen Besucher von den Weinbergen zu vertreiben. So werden z.B. nachts an manchen Orten automatisch kleine Böllerschüsse zum Abschrecken abgefeuert.

An den Feigenbäumen hängen, je nach Sorte, dicke, süße, blauschwarze oder grüne, saftige Feigen. Sorgfältig wurden sie früher im Ofen nach dem Brotbacken getrocknet oder auf geflochtenen Korbflächen in der Sonne gedörrt. Im Winter sind gerade die zuckerreichen Feigen eine nahrhafte Leckerei.

Gegen Ende des Monats beginnt die Weinlese, die bis in die ersten Oktoberwochen dauert. Früher war die ganze Familie, auch die größeren Kinder, beschäftigt, um die Trauben vor den herbstlichen Regenfällen zu ernten. Heute werden von den Weingütern ganze Scharen von Männern und Frauen für die Weinlese eingestellt. Mehrere Wochen lang gehen sie die langen Reihen der Weinstöcke entlang. Deutlich ist das Schnappen der Scheren zu hören, mit denen die Trauben vom Stock getrennt werden.

Ende September sind die Tage schon kürzer geworden, und um möglichst viel zu schaffen, verzichten die Arbeiter in den Weinbergen auf das Mittagessen zu Hause. Sie nehmen die Speisen selbst mit oder lassen sich wie früher „Fagioli all'uccelletto" und „Schiacciata con uva" (siehe Rezept rechts) in den Weinberg bringen. Am Abend gibt es dann ein kräftigendes Fleischgericht, wie „Petto di pollo" (siehe Rezept Seite 124/125), mit der Frittate, die man so gern am Abend ißt.

Schiacciata con uva

Fladenbrot mit Weintrauben

Restaurant:
La Taverna del Guerrino

Für ein Blech
2 Zweige Rosmarin
100 ml Olivenöl
500 g Brotteig für toskanisches Weißbrot
600 g frische blaue Weintrauben
etwas Zucker

Die Rosmarinblätter von den Zweigen zupfen und in etwas Öl leicht anbraten. Den Teig in eine Schüssel legen, den Rosmarin und die Weintrauben (es ist kein Tafelobst gemeint, sondern die Trauben, aus denen der Wein gemacht wird) dazugeben und gut durchkneten. Dann den Teig auf einem mit Öl gefetteten Backblech ausbreiten und weitere Weintrauben daraufstreuen, etwas Öl darübergießen (der Teig muß gut ölig sein) und etwas Zucker daraufstreuen. Etwa 1 Stunde im vorgeheizten Backofen bei etwa 180 °C backen (das Brot kann leicht verbrennen), es ist fertig, wenn die Oberfläche braun geworden ist. In Streifen geschnitten servieren.

Tip: Das Rezept für das toskanische Weißbrot steht auf Seite 43.

PETTO DI POLLO

Hühnerbrust-Roulade

(Lorenza di Medici-Stucchi, Küche der Villa)

1 Hühnerbrust
Pfeffer, Salz
2 Eier
1 EL Olivenöl extra vergine
1 Handvoll verlesene, abgespülte Salbeiblätter
90 g feingeschnittene Mortadella
30 g Butter
100 ml trockener Weißwein

Die Hühnerbrust waschen, trockentupfen, aufschneiden und wie ein Buch aufklappen. Leicht auf eine gleichmäßige Dicke klopfen, salzen und pfeffern. In einer beschichteten Pfanne aus den beiden Eiern mit etwas Öl ein Omelett zubereiten. Das Omelett auf die Hühnerbrust geben, darauf die Salbeiblätter verteilen und zuletzt die Mortadella darüberlegen. Die Hühnerbrust aufrollen und mit Küchengarn zusammenbinden. Bei mittlerer Hitze im restlichen Öl und der Butter anbraten, bis sie eine goldbraune Farbe annimmt (etwa 10 Minuten), dann bei kleiner Hitze bei geschlossenem Deckel in etwa 1/2 Stunde fertig garen, dabei nach und nach den Weißwein zugießen. Aufschneiden und sofort servieren.

San Fausto.

Juli, August und Anfang September ist die Zeit vieler örtlicher Feste. Manchmal wird das große Fest von der Kirche veranstaltet, wie früher die Feierlichkeiten zu Ehren von Sankt Faustus, dem Heiligen der Bauern. Nach Messe und Prozession wurde am Abend der ganze Ort mit kleinen Öllampen beleuchtet, was – bedenkt man, daß es zur damaligen Zeit noch keine Straßenbeleuchtung gab – einen großartigen Anblick bot. Den Abschluß des Festtages bildete ein Feuerwerk.

Heute sind es Sportorganisationen und politische Gruppen, die die zahlreichen Feste im Chianti organisieren: Radrennen finden statt oder Bocciaspiele und am Nachmittag spielt ein Blasorchester. Am Abend bittet eine Gruppe oder das typische Einmannorchester mit dem Akkordeon zum Tanz. Die alten Bauern und Bäuerinnen, die noch alle Tanzschritte perfekt beherrschen, die jungen Leute, die Teenager und die Kinder, alle tanzen.

Ein wichtiger Aspekt der Feste ist das Essen. An langen Tischen und Bänken gibt es an den Wochenenden ganze Menüs zu essen. Die Männer grillen das Fleisch und die Frauen bereiten die Ribollita, die Fagioli all'ucceletto und zahlreiche Kuchen. Das Essen ist einfach und wohlschmeckend wie zu Hause.

ZUPPA DI ZUCCA GIALLA

Gelbe Kürbissuppe

(Carla Mazzei,
Küche der Villa)

1 kg gelber Kürbis
2 l gute Fleischbrühe
60 g Butter
2 gestrichene EL Weizenmehl

Den Kürbis in dünne Scheiben schneiden und in Brühe gar kochen, danach mit einem Passier- oder Mixgerät passieren. Die Butter zerlassen, das Mehl hinzufügen, unter Rühren kurz erhitzen, bis es eine goldgelbe Farbe angenommen hat. Nun, je nach Anzahl der Gäste, eine ausreichende Menge Brühe hinzufügen, dann den passierten Kürbis dazugeben und die Suppe heiß servieren. Zur Suppe können geröstete Brotwürfel und geriebener Parmesankäse oder alter Pecorino gereicht werden.

Fiori di zucca ripieni

Mit Fisch gefüllte Zucchiniblüten

Restaurant:
La Tenda Rossa

8 Zucchiniblüten
1 sehr fein gehackte Schalotte
2 EL Olivenöl
50 g Seezunge
50 g Steinbutt
50 g Seebarsch
trockener Weißwein
weißer Pfeffer
1 Ei
1 Eigelb
Salz
1 Scheibe toskanisches Brot, 2 Tage alt, ohne Kruste
Für das Gemüse
1 Möhre
1 Zucchini
200 ml Fleischbrühe
1 EL Olivenöl

In einer Kasserolle die feingehackte Schalotte in etwas Öl auf kleiner Flamme glasig werden lassen, dann den in große Stücke geschnittenen Fisch zugeben und bei großer Hitze 7-8 Minuten kochen lassen. Mit dem Wein ablöschen, einkochen lassen und alles passieren. Separat das Brot in Wasser einweichen, ausdrücken und mit Ei, Eigelb und dem passierten Fisch gut vermischen (mit den Händen), salzen und pfeffern. Die Zucchiniblüten an einer Seite öffnen, den Fruchtknoten entfernen, die Blüte sehr vorsichtig waschen und sorgfältig abtrocknen. Dann die Blüten mit der Fischmasse füllen und schließen.
Die Möhre und die Zucchini putzen, waschen, in Salzwasser knapp garen und dann in kleine Würfel schneiden. Jetzt die gefüllten Blüten in eine gefettete feuerfeste Form legen, die Fischbrühe angießen und die Gemüsewürfel dazugeben. Einen Eßlöffel Olivenöl darüber verteilen und für 10 Minuten bei 220 °C in den Backofen schieben. Je zwei Kürbisblüten auf einem Teller anrichten, daneben aus den Gemüsewürfeln eine Margerite formen, etwas Olivenöl darübergießen.

TRIPPA ALLA CHIANTI-GIANA

Kutteln nach Art des Chianti

Restaurant: La Torre

6 Portionen

Italienische Saucenbasis (1 Zwiebel, 1 Möhre, 1 Knoblauchzehe, 1 Stange Staudensellerie, 30 g Petersilie)

50 ml Olivenöl

900 g vorgekochte und in Streifen geschnittene Kutteln

1 Prise Gartenthymian

abgeriebene Schale von 1 Zitrone (unbehandelt)

etwas Fleischbrühe

2 Gläser (200 ml) Rotwein

200 g frische Tomaten

Salz, Pfeffer

50 g Butter

100 g geriebener Parmesankäse

Das geputzte feingehackte Gemüse für die Saucenbasis in Olivenöl nur leicht Farbe nehmen lassen. Die Kutteln mit Thymian und Zitronenschale dazugeben. Das Ganze langsam erhitzen und etwas Brühe dazugießen. Wenn die Brühe verdampft ist, mit zwei Gläsern Rotwein ablöschen, die Tomaten hinzufügen und etwa 30 Minuten lang kochen lassen. Mit Salz und Pfeffer abschmecken. Das fertige Gericht in Suppenschüsseln umfüllen, jeweils ein Stückchen Butter und reichlich Parmesan darübergeben und heiß servieren.

SALAME
DI
£. 3.200
SALAME
£. 2600
PURO SUINO
£. 2400
SALAME
LOCANDA CODDI

Für ein Festessen im September ist die Zuppa di zucca gialla zu empfehlen (siehe Rezept Seite 128). Zucchini und Kürbisse (hier zucca gialla oder zucca larda) genannt, waren wichtig für die bäuerliche Ernährung und wurden genauso in der Villa geschätzt. Außer der Kürbissuppe gab es Kürbisomelett, Kürbisklößchen und vieles mehr. Sehr delikat sind die Zucchiniblüten mit Fischfüllung, für die ein Rezept aus der Haute cuisine vorgeschlagen wird (siehe Rezept Seite 129).
Wer keinen Fisch mag, für den sind vielleicht die Kutteln nach Art des Chianti eine geeignete wohlschmekkende Speise (siehe Rezept Seite 130/131).

Rindfleisch wurde früher von den Bauern kaum gegessen. Sie hielten nur ein oder zwei Paar Arbeitsochsen und zogen keine Rinder groß. Höchstens Innereien wurden hin und wieder von vorbeiziehenden Händlern erworben. Die berühmte „Bistecca alla Fiorentina", das große T-bone-Steak würde man heute sagen, war ein typisches Gericht, das nur in der Villa auf den Tisch kam (siehe Rezept Seite 28).

Oktober

Das Wetter wird kühler, auch wenn die Sonne noch viel Kraft hat und manche Tage an den Sommer erinnern. Scheint die Sonne intensiv vor den Tagen der Weinlese, sind die Bauern sehr zufrieden, denn so erhalten die Trauben die letzte Reife. Noch sind im Wald die Bäume grün. Rot-gelb leuchten die kleinen runden eßbaren Früchte des Corbezzolo, des Erdbeerbaumes, blaßrosa blüht am Boden die Erika. An den Wegrainen duftet der Samen der hohen Fenchelstauden intensiv. Es ist stiller im Wald und um das Haus geworden. Die Sommerzugvögel, wie der Kuckuck und die Schwalben sind weggezogen. Bald kommen die Wintergäste, die kleinen furchtlosen Rotkehlchen aus dem fernen Norden.

Nach Regenschauern ist der Oktober der beste Monat, um Pilze zu suchen. Viele verschiedene Pilzsorten wachsen in den Wäldern. (Es gibt sogar Trüffel, die im Februar, März von speziell abgerichteten Hunden gesucht werden.) Ein köstliches Pilzgericht sind die „Funghi Porcini al Cartoccio", gebackene Steinpilze (siehe Rezept Seite 135).

Bis Mitte Oktober dauert die Weinlese und erst nachdem alle Trauben in den Weinkeller geschafft und gekeltert sind, kehrt Ruhe ein. Früher wurden anschließend Wacholderbeeren in den Wäldern gesucht, die man an Zwischenhändler verkaufte. Weit entfernt vom Chianti brauchte man die Beeren für den Gin.

Eine anschauliche Beschreibung von Bianca Maria Viviani della Robbia, die eine Villa bei Panzano besaß, führt zurück in die Vergangenheit: „Jeden Abend zur Nachtstunde, wie sie den Augenblick nennen, wenn die Dunkelheit einbricht, kommen die Bauern in den Büttenkeller, und kaum eingetreten, ziehen sie sich die Strümpfe aus, krempeln sich die Hosenbeine hoch, und ein jeder steigt die Leiter hinauf und läßt sich in seinen Bottich fallen, daß es aussieht, als werde er verschlungen; hier und dort sieht man die Köpfe auftauchen, und so scheinen diese Männer wie zu einer wundersamen Qual verdammt, zu einer dieser Martern, die das wilde Mittelalter so gut zu erfinden wußte. Doch diese Verdammten sind munter, denn sie tauschen Witze aus von einem Bottich zum andern, während sie in gleichmäßigen Rhythmus die Mosttrauben treten, wie es seit Jahrhunderten Brauch ist, vielleicht seit biblischen Zeiten Noahs. Wenn sie auf den Boden heruntersteigen und fortgehen, schließen sie das Tor des Kellers, aber draußen hört man ein deutliches Gemurmel, als sprächen die Bottiche untereinander wie Verschworene in der Dunkelheit".

Die wildwachsenden Büsche und Kräuter wie Wacholder, Thymian, Fenchel und Minze fanden in der traditionellen Küche des Chianti wenig Verwendung. Es sind die jungen kreativen Köche, die begonnen haben, ihre Menüs mit den aromatischen heimischen Gewürzen zu bereichern. Im Bauernhaus benutzte man nur Rosmarin, Salbei, Petersilie und im Sommer das frische Basilikum, sieht man von dem Pilzgewürz Nipitella (Katzenminze) ab und dem speziell in Siena beliebten liebevoll „Dragoncello", kleiner Drachen, genannten Estragon.

Aufwendig war im Oktober das Sammeln der Maronen, die in manchen Gegenden des Chianti zahlreich zu finden sind. Man nahm weite Anmarschwege in Kauf, vor allem in den armen Bergregionen. Wo Schmalhans Küchenmeister war, waren die Leute auf die sättigenden Maronen angewiesen.

Um die Maronen für längere Zeit haltbar zu machen, gruben die Bauern im Wald ein Loch in den Erdboden, füllten die Maronen hinein und bedeckten sie mit Blättern. Für mehrere Wochen wurden sie regelmäßig mit Wasser begossen. Auf diese Weise hielten sich die Maronen recht lange, bis etwa Ende Dezember, frisch. Eine gewisse Menge an Eßkastanien wurde auch getrocknet und zu Mehl gemahlen, das man für Süßspeisen verwandte.

FUNGHI AL CARTOCCIO

Gebackene Pilze

Restaurant:
Castello di Spaltenna

4 mittelgroße Champignons
4 EL Olivenöl
4 abgezogene Knoblauchzehen
4 kleine Zweige Bergminze oder wilde Minze (falls nicht vorhanden Petersilie nehmen)
Salz
Pfeffer

Die Champignons mit einem sauberen Tuch abwischen, nicht waschen, sie verlieren sonst zu viel Aroma. Die Pilzstiele in kleine Stückchen schneiden und jeweils mit dem intakten Hut auf ein Stück mit Öl eingefettete Alufolie legen. Darüber den sehr fein gehackten Knoblauch, die Minze oder Petersilie, Salz und Pfeffer streuen und mit dem Olivenöl beträufeln. Die Alufolie verschließen, indem die vier Ecken zusammengenommen und dann die Seiten so umgeknickt werden, daß der Pilz perfekt im Inneren versiegelt wird. Den Backofen auf 200 °C vorheizen und die Pilze je nach Größe 10 bis 15 Minuten backen. Einen Pilz pro Person im noch verschlossenen Alufolie-Päckchen servieren.

Hinweis: Original wird dieses Rezept mit Steinpilzen zubereitet.

Lepre in tegame

Geschmorter Hase

Pappardelle alla Lepre
Bandnudeln mit Hasensauce
Restaurant:
Il Fortilizio

6-8 Portionen
1 Hase mit Leber und Blut
1 Flasche Rotwein
2-3 Zweige Rosmarin
Suppengemüse (Zwiebeln, Knoblauch, Petersilie Möhren, Zwiebeln)
Olivenöl
Salz
Tomatenmark
Fleischbrühe
toskanisches Weißbrot
500 g Bandnudeln

Den Hasen ausnehmen, Blut und Innereien beiseitestellen, in etwa 20 Stückchen zerteilen, die Bauchlappen entbeinen und hacken. Alles über Nacht in einer Beize aus Rotwein mit Rosmarin einlegen, dann aus der Beize nehmen und abtropfen lassen. Das Gemüse putzen und fein hacken und in Olivenöl anbräunen; sobald es Farbe genommen hat, mit einem Glas Tafelrotwein ablöschen und einkochen lassen. Jetzt das Fleisch zugeben, salzen, anbraten und dann 1 1/2 Stunden bei geringer Hitze (wichtig!) köcheln lassen. Dabei nach und nach den ganzen Rotwein der Beize angießen. Wenn der gesamte Wein verkocht ist, das Tomatenmark, das Hasenblut und die fein gewiegte Hasenleber zufügen, nur noch 5 Minuten kochen lassen und von der Flamme nehmen.

LEPRE IN TEGAME

(Fortsetzung Rezept)

Das Hasenfleisch auf gerösteten und in Fleischbrühe getauchten Brotscheiben anrichten und mit etwas von der Sauce übergießen.

PAPPARDELLE ALLA LEPRE

Mit der restlichen Sauce werden die "Bandnudeln in Hasensauce" zubereitet. Die Pappardelle in reichlich Salzwasser „al dente" kochen, abgießen und 2 Minuten in der heißen Hasensauce ziehen lassen, so nehmen sie die Sauce gut auf. Wichtig ist, daß Blut und Leber nur 5 Minuten gekocht wurden. Es ist daher besser, die Sauce nur warm zu halten, so bleibt das volle Aroma dieses Gerichtes erhalten.

Sehr gut schmecken die im Kamin frisch gerösteten Maronen. Kreuzweise werden sie an der Verdickung mit dem Messer eingeritzt, damit ein Teil der Feuchtigkeit verdampfen kann. In einer gelöcherten Pfanne stellt man sie dann für etwa eine Viertelstunde über die heiße Glut. Vorsichtig wird die Schale entfernt und das noch heiße weiße Fruchtfleisch gegessen.

Im Oktober veranstalteten die Villenbesitzer früher große Jagdfeste, zu denen Gäste aus der näheren und ferneren Umgebung eingeladen wurden. Schon früh am Morgen brachen die Reiter mit den Hunden auf, um Hasen und Wachteln zu jagen. Der Chianti war berühmt für das viele Wild, das in den unwegsamen Bergen lebte.

Auch Hirsche, die allerdings unter Naturschutz stehen, sind heute wieder in abgelegeneren Bergzonen zu finden. Die Jagd war das Privileg der Gutsbesitzer und den Bauern war das Jagen bei strenger Strafe untersagt. Da in den armen Familien das Fleisch gejagter Tiere aber vielfach lebensnotwendig war, zogen die Männer trotzdem nachts zum Wildern los. Inzwischen ist diese Zeit vorbei und den Jagdschein kann jeder erwerben.

Crostini di funghi

Röstbrot mit Pilzen

Restaurant: Le Logge

4-6 Portionen

2-3 abgezogene Knoblauchzehen
einige Salbeiblätter
1/4 einer pikanten Peperoni
4 EL Olivenöl
2-3 reife, geschälte Tomaten (notfalls aus der Dose)
400 g frische oder eingelegte Pilze (z. B. Champignons oder Steinpilze)
Salz, Petersilie

Knoblauch, Salbei und Peperoni hacken und in Öl leicht Farbe nehmen lassen. Die in Stücke geschnittenen Tomaten und die geputzten und in kleine Stücke geschnittenen Pilze zugeben, salzen, mit feingehackter Petersilie bestreuen und etwa 15 Minuten auf kleiner Flamme kochen. Die Pilzcreme auf gerösteten Brotscheiben anrichten und sofort servieren.

Pappardelle al Cinghiale

Bandnudeln mit Wildschwein

Restaurant:
La Torre

Für die Marinade
2 Stangensellerie
1 Lorbeerblatt
2 Möhren
10 Petersilienstiele
2 kleine oder 1 große Zwiebel
2 Knoblauchzehen
500 ml (1/2 l) Rotwein

Für die Wildschweinsauce
250 g Wildschwein ohne Knochen
200 ml Olivenöl
2 Gläser (200 ml) „Chianti Classico"
1 EL Weizenmehl
100 g Tomatenmark
1 1/2 l Brühe

375-500 g breite, frische Bandnudeln
geriebener Pecorino

Das Gemüse putzen, in Stücke schneiden und die Marinade zubereiten. Das Wildschweinfleisch einen Tag lang darin ziehen lassen. Dann das Fleisch herausnehmen, die restlichen Zutaten der Marinade gut abtropfen lassen, das Lorbeerblatt entfernen und das Gemüse fein hacken.
Das Wildschweinfleisch etwas grober hacken. Das Olivenöl in der Pfanne erhitzen und das gehackte Gemüse darin andünsten, dann das Fleisch dazugeben, schmoren lassen und anschließend Chianti Classico und Mehl hinzufügen. Das Ganze 30 Minuten schmoren lassen. Tomatenmark und 1/2 l Brühe dazugeben und weitere 30 Minuten kochen lassen. Die Wildschweinsauce mit 5 cm breiten frischen Bandnudeln und Schafskäse servieren.

STAMPO DI MACCHERONI E PROSCIUTTO

Nudelauflauf mit Schinken

(Carla Mazzei,
Küche der Villa)

6 Portionen
500 g Makkaroni (Röhrennudeln)
50 g Butter
150 g gekochter Schinken
150 g Pecorino (Schafskäse)
100 g Parmesan
2 Eier
125 ml (1/8 l) Milch
150 g geriebener Gruyère
Semmelbrösel

Die Makkaroni in Salzwasser „al dente" kochen, gut abtropfen lassen und in 50 g zerlassener Butter schwenken. Den Schinken klein schneiden und die beiden Käsesorten reiben. Die Eier aufschlagen, mit dem Schinken und dem Käse vermengen, wenig salzen und so viel Milch hinzugeben, wie notwendig ist, um eine cremige Masse zu erhalten. Eine Auflaufform mit Butter einstreichen und mit Semmelbrösel ausstreuen. Als erstes eine Lage der in Butter geschwenkten Makkaroni in die Form geben, darüber die Hälfte der Käsemasse gießen und anschließend auf einer zweiten Lage Makkaroni den Rest der Käsemasse verteilen. Zuletzt den geriebenen Gruyère gleichmäßig auf der Käsemasse verteilen. Den Auflauf 45 Minuten ruhen lassen und dann bei 200 °C im Backofen etwa 40 Minuten backen.

Pasticcio di selvaggina in crosta

Wildpastete in Kruste

(Carla Mazzei - Küche der Villa)

8-10 Portionen

Für den Mürbeteig
(für 800 g Teig)
500 g Weizenmehl
10 g Salz
20 g Zucker (nach Geschmack)
1 Eigelb
250 g Butter
75 ml Milch

Für die Füllung
1 Zwiebel
1 Möhre
etwas Staudensellerie
50 g Schinken
etwas Butter
2 küchenfertige Rebhühner
1 küchenfertiger Fasan
2 Lorbeerblätter
trockener Marsala
etwas Fleischbrühe
3 Hühnerlebern
1 Handvoll Brot ohne Rinde, zerkrümelt
1 Eigelb
Salz
100 g Pökelzunge

Für den Teig das Mehl auf ein Backbrett sieben, in der Mitte eine Mulde formen und Salz, evtl. Zucker, Eigelb und die in Stückchen geschnittene Butter hineingeben. Mit den Händen zu einem krümeligen Teig verarbeiten, jetzt die Milch in die Mitte geben und kurz durchkneten. Den Teig in Frischhaltefolie einwickeln und mindestens 1 Stunde im Kühlschrank ruhen lassen. Zwiebel, Möhre und Sellerie fein hacken, Schinken in feine Streifen schneiden, alles in Butter kurz anbräunen und darin das Geflügel anbraten, die Lorbeerblätter zugeben. Sobald die Zwiebel Farbe annimmt, nach und nach reichlich trockenen Marsala angießen (2 Finger hoch) und später etwas Fleischbrühe. Nach der halben Kochzeit das Geflügel aus der Sauce nehmen, die Brüstchen herauslösen, in Filets zerteilen und beiseite stellen. Das übrige Geflügel in kleine Stückchen schneiden und zusammen mit seinen Lebern und 3 Hühnerlebern in der Sauce gar kochen. Am Ende der Kochzeit das Fleisch von den Knochen lösen, fein hacken und durch ein Sieb passieren. In die Sauce das Brot und etwas Brühe geben, zusammen mit dem Eigelb zu dem passierten Fleisch geben und alles gut vermischen, mit Salz abschmecken. Eine mit Butter eingefettete Pastetenform mit dem Teig auslegen. Dann etwas von der vorbereiteten Masse hineingeben, einen Teil der Filets und die Hälfte der Pökelzunge in Scheiben darauf legen, eine weitere Schicht der Masse und wieder Filets und Pökelzunge in Scheiben darauf verteilen, gut festdrücken und alles mit dem Teig verschließen, dabei in der Mitte ein Loch im „Deckel" lassen, damit der Dampf entweichen kann. Im Ofen bei 175-200 °C so lange backen, bis die Oberfläche goldgelb geworden ist, dabei nicht vergessen, das Loch im Teig mit einem kleinen Deckel aus Teig locker zu bedecken.

SEMIFREDDO DI MARONI

Halbgefrorenes mit Maronen

(Carla Mazzei, Küche der Villa)

Für die Maronenkonfitüre
1 kg Maronen (vorbereitet gewogen)
Wasser
Saft und Schale von 1 Zitrone (unbehandelt)
1 kg Gelierzucker
2 Päckchen Vanillin-Zucker

Für das Halbgefrorene
40 g Rosinen
2-3 EL guter Cognac
250 g Maronenkonfitüre
250 g Schlagsahne

Für die Konfitüre die Maronen vorbereiten: Maronen mit einem spitzen Messer oben kreuzweise einschneiden. In kochendes Wasser geben, 5-10 Minuten kochen lassen, bis sich die Einschnittstellen öffnen. Die Maronen abgießen, sofort schälen, die braune Haut abziehen. Die Maronen in Wasser mit der abgeriebenen Zitronenschale und dem Zitronensaft etwa 20 Minuten kochen lassen, abgießen. Mit dem Schnellmixstab des Handrührgerätes fein pürieren, mit dem Passierstab des Handrührgerätes durch ein Haarsieb streichen, wiegen. Die Fruchtmasse (1 kg) in einen Kochtopf geben, mit dem Gelierzucker und dem Vanillin-Zucker gut verrühren, unter ständigem Rühren bei starker Hitze zum Kochen bringen und dann so lange (nach der Uhr!) sprudelnd kochen lassen, wie auf der Zuckerpackung angegeben. Die Masse sofort kochendheiß randvoll in sorgfältig gespülte, gut abgetropfte Gläser mit Schraubverschluß füllen. Sofort verschließen, umdrehen und etwa 5 Minuten auf dem Deckel stehen lassen. Die Gläser kühl aufbewahren.

Die Rosinen verlesen, in Wasser einweichen, abtrocknen und für kurze Zeit in dem Cognac baden. Die Konfitüre mit den Rosinen verrühren und die steifgeschlagene Sahne unterheben. Die Masse vorsichtig in eine Form füllen und für mindestens 8 Stunden in den kältesten Bereich des Kühlschranks stellen (die höchste Kältestufe einstellen).

Der Chianti hat in ganz Italien einen Ruf für die besten und wohlschmekkendsten Wildgerichte. Auf dem bäuerlichen Tisch könnte der gewilderte Hase z. B. zu „Pappardelle alla lepre" umgewandelt worden sein (siehe Rezept Seite 146/147). Die Köchin der Villa überraschte ihre Gäste mit einer langen Speisefolge: als Vorspeise z. B. „Crostini di funghi" (siehe Rezept Seite 138/139), zwei Nudelgerichte zur Auswahl: Pappardelle al cinghiale (siehe Rezept Seite 140) und Stampo di maccheroni e prosciutto (siehe Rezept Seite 141). Als Hauptgericht wird Pasticcio di Selvaggina in crosta gereicht (siehe Rezept Seite 142/143) und als Süßspeise Semifreddo di maroni (siehe Rezept Seite 144/145).

Ein wichtiger Unterschied zwischen der Küche in der Villa und der bäuerlichen Küche bestand in den vielen speziellen Küchengeräten und Vorrichtungen, die in der Villa verfügbar waren. So z. B. der riesige Kamin mit dem drehbaren Spieß, in dem kostbares Eichenholz brannte, das zum Teil mit Rotwein und Gewürzen aromatisiert wurde. Die Köchin wußte sich auch zu helfen, um in der Sommerzeit, trotz der Hitze, Speisen kühl aufzubewahren. In den Brunnenschacht hängte sie eine Art Metallkäfig, in dem sich Käse und Obst frisch hielten. Und im Winter wurde, wenn frischer Schnee gefallen war, an einer schattigen Stelle ein größeres Loch gegraben, das mit fest gestampftem Schnee gefüllt wurde. So stand noch bis in den Sommer hinein Eis zur Verfügung z. B. für das Semifreddo di maroni.

November

Anfang November, wenn die Besitzer aus der Villa in die Stadt zurückkehren, werden die Kübel mit den Zitronenbäumen aus dem Park in die Limonaia geschafft. Sie könnten sonst in der kalten Jahreszeit Schaden nehmen. Auch die Geranien sind aus der Loggia verschwunden. Mitte des Monats fangen die ersten Bäume an, sich gelb zu färben. Die Blätter des am Haus hochrankenden wilden Weins leuchten rot in vielen Schattierungen.

Allerheiligen kann es schon recht kalt sein, wenn die Regenwolken keine Sonne durchkommen lassen. Aber die Natur braucht den Regen dringend. Das Wasser versickert nicht, sondern sammelt sich in höher liegenden Erdschichten und wird dort von den tief reichenden Baumwurzeln aufgesogen.

Der November war weniger arbeitsam als die Monate der Weinlese September und Oktober. Der in den Fässern gärende Wein mußte stetig kontrolliert werden und die Zubereitung des Vin Santo begann. Waren die Eicheln reif, zogen die Kinder mit den Schweinen in den Wald, um die Tiere vor der Schlachtung im Winter noch kräftig zu mästen.

Heute wird schon im November mit der Olivenernte begonnen, die auch heute noch von Hand erfolgt. Jetzt sind die Oliven zwar noch nicht voll ausgereift, aber man vermeidet den bei späterer Ernte möglichen Pilzbefall und auch die häufig bitterkalten Tage des Dezember.

1. November – Allerheiligen.

Fast alle Familienmitglieder besuchten am Morgen die Messe. Für diesen Tag wird auch heute noch ein süßes Brot mit Nüssen und Rosinen gebacken: Pan di santi (siehe Rezept Seite 159).

2. November – Allerseelen.

Schon um fünf Uhr am Morgen ging die ganze Familie in die Kirche, wo das mitgebrachte Brot gesegnet wurde. Anschließend suchte man den Friedhof auf, um die Gräber der verstorbenen Familienmitglieder herzurichten. Auch heute kommen die Familien von weit her, um an diesem Tag ein Licht auf den Gräbern anzuzünden. Mit viel Mühe und Liebe züchten die alten Bäuerinnen für diesen Tag Chrysanthemen, die vor die Gräber gelegt werden.

11. November – San Martino.

Zum Essen wird an diesem Tag ein Kohlgericht aufgetragen, denn im November gibt es alle Kohlsorten im Garten: Blumenkohl, Cavolella (eine Art Weißkohl), Wirsing und der berühmte „Cavolo nero" der Toskana mit seinem leicht herben Geschmack, der vielen Gerichten ihre spezifische Würze verleiht. In jedem Garten ist der Cavolo nero auch heute noch zu finden. Mit Kohl konnte und kann immer eine stärkende Mahlzeit zubereitet werden.

„Pan cotto" lautet der Name einer einfachen, für die Armut der Bauern typischen Suppe, wo über die gerösteten, mit Knoblauch eingeriebenen Brotscheiben das Wasser des gekochten Schwarzkohls gegossen wurde. Ein Löffel Olivenöl veredelte das Ganze. Sehr beliebt sind nach wie vor die kleinen Triebe des ausgewachsenen Schwarzkohls, die nach dem ersten Frost leicht süßlich schmecken und als Salat gegessen werden.

Im Monat November heirateten die meisten bäuerlichen Paare, und zwar aus ganz prosaischen Gründen: Zwischen der Weinlese und vor der Olivenernte lag eine Arbeitspause. So fielen keine Arbeitskräfte aus. Die Geschenke für das Paar waren bescheiden, vielleicht etwas Stoff für eine neue Schürze, ein Handtuch, ein Paar Strümpfe. Aber die Menüfolge der Festmahlzeit, an der auch die von fern her gekommenen Verwandten teilnahmen, umfaßte viele Gänge.

Nach der Trauung am frühen Morgen begab sich die Familie zuerst in das Haus der Braut, wo sie ein zweites Frühstück erwartete. Der Brautvater rechnete es sich zur Ehre an, alle mit leckeren Würsten, kräftigen Schinken und vielen Eiern zu stärken.

Zum Mittagessen kamen die Gäste in das Haus der Familie des Bräutigams, wo die große Festmahlzeit schon seit Tagen vorbereitet worden war. An langen Tischen nahmen alle Platz und die Frauen trugen eine Speise nach der anderen auf. Die Gerichte sind auch heute schmackhaft: Crostini, Affettate, eine kräftige Fleischbrühe (siehe Rezept Seite 150), Risotto mit Pilzen, Schweinsrücken, gegrillte Würste und Rippchen, so viel man wollte, denn für das Fest war extra ein Schwein geschlachtet worden. Immer wieder füllte der Gastgeber die Gläser mit Wein, um auf das junge Brautpaar anzustoßen. Den Abschluß bildeten diverse Kuchen wie die „Torta di Cioccolata" (siehe Rezept Seite 151). Am nächsten Morgen war es Sitte, das junge Paar mit einem kräftigenden Trunk zu wecken, auf daß sie dem kommenden Alltag gestärkt entgegensehen konnten. Dieses Lebenselixier, „La Ginestrata", ist jedem zu empfehlen, der neue Kraft tanken will (siehe Rezept Seite 20/21).

Auch heute spielt im Chianti, wo sich die alte Familienstruktur noch eher erhalten hat als in den Städten, die Hochzeit eine große Rolle, und zum Essen geht man mit vielen Gästen in ein gutes Restaurant. Aber Familienfeiern, wo dem Essen herzhaft zugesprochen wird, gibt es inzwischen viele.

Pan dei santi

Brot mit Weinbeeren und Nüssen

(Giovanni Righi-Parenti, Küche der Villa)

25 g Hefe
125 ml (1/8 l) lauwarmes Wasser (zum Einweichen)
100 g Walnüsse ohne die braune Außenhaut
1 EL Schweineschmalz
100 g Rosinen oder Weintrauben
1 kg Weizenmehl Type 550
500 ml (1/2 l) lauwarmes Wasser
100 g Zucker
etwas Salz
1/2 TL Anissamen
1 TL gemahlener schwarzer Pfeffer
abgeriebene Schale von 1/2 Zitrone (unbehandelt)
25 g gehackte Haselnüsse oder Mandeln
1 Eiweiß
einige Walnußkerne und Rosinen

Die Hefe in dem lauwarmem Wasser einweichen. Die Walnüsse hacken und im Schmalz braten, abkühlen lassen. Die Rosinen in lauwarmem Wasser eingeweichen, gut abtropfen lassen. Das Mehl in eine Schüssel geben, das Wasser und die eingeweichte Hefe hinzufügen. Alle Zutaten gut verkneten, so daß ein geschmeidiger Brotteig entsteht. Walnußkerne, Rosinen, Zucker (die Menge kann nach Geschmack erhöht oder vermindert werden), Salz Anissamen, Pfeffer, Zitronenschale und Haselnüsse gut unterkneten. Den Teig in ein Tuch und eine Decke hüllen und an einem warmen Ort gehen lassen. Wenn der Raum warm genug ist, reichen etwa 1-1/2 Stunden zum Gehen aus. Den Teig zu 4 kleinen Broten formen, diese mit Mehl bestäuben, mit Eiweiß bepinseln und mit Walnußkernen und Rosinen garnieren und nochmals 1 Stunde ruhen lassen. Dann im vorgeheizten Backofen 30-45 Minuten bei 220 °C backen.

BRODO

Fleischbrühe

(Giovannina Lazzeri, Bäuerliche Küche)

1 kg Suppenfleisch vom Rind
Suppenknochen
reichlich Suppengemüse (Möhren, Zwiebeln, Staudensellerie, Petersilie)
1/2 Huhn
2 reife Salattomaten
Salz

Das gut gewaschene Suppenfleisch, die Knochen und das Suppengemüse in 4 Litern Wasser kalt aufsetzen und 1/2 Stunde kochen. Jetzt das Huhn, die Tomaten und eine Handvoll Salz zugeben und 1-1 1/2 Stunden kochen lassen. Wenn das Fleisch gar ist, die Brühe durchseihen. Das gekochte Fleisch beiseite stellen und später in einer Sauce servieren. Die Brühe mit kleinen Nudeln (Muschelnudeln) in Suppentassen als Vorspeise reichen.

Torta di cioccolata

Schokoladentorte

Restaurant:
L' Albergaccio di Castellina

8 Portionen
Für den Teig
200 g bittere Schokolade
200 ml Milch
3 Eier
200 g Zucker
100 g zerlassene Butter
abgeriebene Schale von 1 Zitrone
200 g Weizenmehl
2 EL Speisestärke
1 Päckchen Backpulver
Für die Creme
1 Eiweiß
2 EL Mascarpone (ital. Frischkäse)
2 EL Zucker
3 EL flüssige Schlagsahne

Die Schokolade mit der Hälfte der Milch in einen Topf geben, erhitzen und die Schokolade schmelzen. Separat die Eier mit dem Zucker verschlagen, dann die geschmolzene Schokolade, die geriebene Zitronenschale, die restliche Milch und die zerlassene Butter zugeben und alles zu einem cremigen Teig verarbeiten. Mehl und Speisestärke unterrühren. Zuletzt das Backpulver zugeben und gut vermischen. Den Teig in eine eingefettete Backform z.B. in eine Muschelform füllen und etwa 30 Minuten bei 180 °C backen.
Für die Creme das Eiweiß zu Schnee schlagen. Separat Mascarpone und Zucker verrühren, Sahne und Eischnee zugeben und gut vermengen. Vor dem Servieren die Creme über die Schokoladentorte gießen.

Tip: Sie können den Teig auch in eine Springform mit 24 cm Durchmesser füllen.

Frittatina al pomodoro

Omelett mit Tomatensauce

(Bianca Ruscio,
Bäuerliche Küche)

Für die Omeletts
4-6 Eier
Salz
4 TL Olivenöl
Für die Tomatensauce
1 kleine Dose geschälte Tomaten
3-4 abgezogene Knoblauchzehen
Salz
einige ganze Basilikumblätter

Die Eier (Anzahl nach Wunsch) mit etwas Salz verquirlen und in einer kleinen Pfanne mit 1 Teelöffel Olivenöl je ein Omelett pro Person von beiden Seiten hellgelb braten (etwa 1 Minute von jeder Seite). Die Tomaten mit den zerdrückten Knoblauchzehen und etwas Salz etwa 15 Minuten bei schwacher Hitze kochen, kurz vor Ende der Kochzeit die Basilikumblätter zugeben. Die Frittate halb zusammenlegen und die heiße Tomatensauce darübergießen.

Zucchini fritte

Fritierte Zucchini

Restaurant:
Il Girarrosto

1 große Zucchini
1 Ei
1 EL Weizenmehl
Salz
Olivenöl zum Fritieren

Die Enden von der Zucchini abschneiden und sie längs in Scheiben schneiden, die Scheiben in mehrere Stücke zerteilen. Das Ei mit dem Mehl und etwas Salz verschlagen, die Zucchinistücke darin wenden und dann in heißem Olivenöl für etwa 10 Minuten fritieren.

Dezember

Am Morgen verwandelt der Nebel die Landschaft in ein weißes Meer. Nur einige höhere Hügel tauchen wie Inseln darin auf. Bis auf die Steineichen haben alle Bäume ihre Blätter verloren. Rote Hagebutten leuchten hier und da im Gestrüpp. An besonnten Mauerecken blühen noch die Rosen. Auf den alten halbverdorrten Obstbäumen haben sich Misteln mit ihren weißen Beeren ausgebreitet.

13. Dezember – Santa Lucia.

„Am Santa-Lucia-Tag laß die Eicheln und hol die Oliven." Um mehr Olivenöl zu haben, warteten die Bauern früher mit der Olivenernte so lange wie möglich und nahmen auch die bittere Kälte in Kauf. Wehte der Wind vom Meer, der viele kleine Salzkristalle mit sich führte, schmerzten die von der Kälte aufgerissenen Hände der Männer und Frauen erst recht.

Ein Stimmungsbild aus der Vergangenheit entwirft Bianca Maria Viviani della Robbia: „Seit Jahrhunderten wurden die Oliven in einem beinah unterirdischen Raum in der Nähe des Kellers gepreßt, sie kamen unter große, steinerne Mühlsteine, die von einem Ochsen getrieben wurden, der im Kreis lief. Eine langsame Arbeit, die Tag und Nacht andauerte, und wenn die Ernte reich war, dauerte sie Monat um Monat. Die Bauern wechselten sich ab, jeder mit seinen Tieren, die geduldig im Kreise liefen, wie Samson in der biblischen Geschichte. In der alten Ölmühle war die Luft lau, feucht, ölig, und die Leute hielten sich gern dort auf. Vor allem des Abends in Gesellschaft, wenn es für alle eine Scheibe geröstetes Brot gab, mit neuem Öl übergossen, gesalzen und vielleicht mit einer Knoblauchzehe eingerieben."

Die mit Öl beträufelte Brotscheibe ist die berühmte „Fettunta", die, besonders zur Zeit der Olivenernte, aber auch das ganze Jahr über beliebt ist.

Abends gibt es zur Kräftigung eine Frittatina al Pomodoro (siehe Rezept Seite 152) und fritierten Blumenkohl. Das frische Olivenöl wurde gleich zum Fritieren benutzt.

Fritiert wird viel und gern. Auch wenn nur kleine Fleischstückchen oder Gemüseschnitze verwendet werden. Kurz in Mehl und dann in Ei getaucht und anschließend in Olivenöl fritiert, wird fast alles zum Leckerbissen. Dies kommt auch in dem etwas deftigen Sprichwort zum Ausdruck: „In der Pfanne schmeckt eine alte Galosche; gewürzt mit Salz und Pfeffer schmeckt sogar ein Stiefel". Während aber das Fritieren mit anderen pflanzlichen Ölen nicht zu empfehlen ist, kann Olivenöl unbedenklich verwendet werden, da es auch bei größerer Hitze nicht verbrennt. Es läßt sich sogar öfter verwenden, wenn sich keine Essensreste abgesetzt haben (Achtung nach dem Fritieren von Artischocken, das Öl nimmt einen leicht bitteren Geschmack an). Die in Deutschland gebräuchlichen Fritiertöpfe werden in den Privathaushalten der Toscana nicht verwendet. Normalerweise benutzt man eine kleine Pfanne oder einen Topf, in den, je nach Art der zu fritierenden Speisen, etwa eineinhalb Finger hoch Olivenöl gegeben wird. Sobald das Öl heiß ist, kann mit dem Fritieren begonnen werden. Kleinere Stücke sind rasch goldgelb gebacken. Anschließend sollte man das fritierte Stück kurz auf Haushaltspapier legen, um überschüssiges Öl abtropfen zu lassen.

Früher war es üblich, daß die Bauern in der Vorweihnachtszeit einen Teil ihrer Abgaben zum Gutsverwalter brachten, der die Lebensmittel dann nach Florenz oder Siena transportieren ließ. Vor den Eingangsportalen der Stadtpaläste, in denen die Besitzer der Landgüter wohnten, wurde alles ausgeladen: bündelweise Kapaune und Hähnchen, Fässer mit Chiantiwein, Flaschen mit Vin Santo und viel süßes Gebäck, das die Fattoressa vorbereitet hatte. In üppigen Festmahlen genoß man die Spezialitäten aus dem Chianti.

Gnocchi di patate con sugo di carne

Kartoffelklößchen mit Fleischsauce

Restaurant:
L' Albergaccio di Castellina

Für die Fleischsauce
1 Zwiebel, 1 Möhre
1 Knoblauchzehe
1 Stange Staudensellerie
30 g Petersilie
4 EL Olivenöl
200 g Rinderhackfleisch
100 g Schweinehackfleisch
100 ml Portwein
100 g passierte oder 250 g geschälte, zerkleinerte Tomaten
250 ml (1/4 l) Fleischbrühe
Für die Kartoffelklößchen
1 kg mehligkochende Kartoffeln
1 Ei, 1 Eigelb
Salz
geriebene Muskatnuß
150-200 g Weizenmehl

Für die Sauce das Gemüse putzen, wenn nötig waschen, grob zerkleinern und dann mit dem Wiegemesser hacken. Alles in einen Topf geben und mit dem Olivenöl in etwa 10 Minuten leicht andünsten. Dann das Hackfleisch zugeben und weitere 15 Minuten garen. Mit dem Portwein ablöschen.

Zuletzt die Tomaten und die Fleischbrühe hinzufügen und bei kleiner Flamme etwa 40 Minuten kochen lassen. Die Kartoffeln mit Schale kochen, abschälen und anschließend durch eine Presse drücken. Die Kartoffeln mit dem Ei, dem Eigelb, Salz und Muskatnuß vermengen und das Mehl hinzufügen. Den Teig zu Würsten von etwa 1 1/2 cm Durchmesser formen und kleine Stücke von 1 1/2-2 cm abschneiden. In reichlich kochendem Salzwasser garen. Sofort herausnehmen, wenn die Klößchen nach 20 Sekunden an die Oberfläche kommen. Die Kartoffelklößchen mit der Sauce übergießen und sofort servieren.

Tip: Die genaue Mehlmenge hängt von den Kartoffeln ab, die Gnocchi dürfen nicht zu weich sein.

25. Dezember – Weihnachtstag.

Schon Wochen vorher war ein kräftiger Holzkloben ausgewählt worden, der am Weihnachtstag im Kamin verbrannt wurde. Gespannt beobachtete die ganze Familie den Kamin: Glimmte der Stamm nur schwach vor sich hin, war es kein gutes Zeichen, brannte das Holz kräftig auflodernd, bedeutete es ein glückliches kommendes Jahr.

Das Weihnachtsfest wurde nach dem Kirchgang mit einem ausgiebigen und opulenten Essen in der Familie begangen. Es gab keine Geschenke. Die kleinen Gaben für die Kinder verteilte die Befana am 6. Januar. Dies ist heute anders, die europäisch-amerikanische Form des Weihnachtsfestes hat die alten Bräuche weitgehend verdrängt und auch hier erscheint inzwischen der Weihnachtsmann und verteilt seine Geschenke.

Aber weiter spielt das Weihnachtsessen eine wichtige Rolle, und jede Hausfrau widmet sich gerne auch komplizierteren Gerichten, wobei ein aufwendiges Gericht wie „Cappone in Gelatina", das aus der Tradition der Villa stammt, nun in allen Wohnungen zubereitet werden kann. Zumindest hin und wieder kann sich jeder im Chianti auch die feinen Speisen leisten, entweder, indem sie in der eigenen Küche selbst zubereitet werden, oder man sich im Restaurant verwöhnen läßt.

Die Festmahlzeit zu Hause könnte etwa so aussehen:

Vorspeise: Crostini Neri e Verdi (siehe Rezept rechts)

1. Gang: Gnocchi di patate con sugo di carne (siehe Rezept Seite 155)

Gemüse/ Fischgericht: Ricchi e poveri (weiße Bohnen mit Garnelen – siehe Rezept Seite 157)

Fleischgericht: Pollo in gelatina (siehe Rezept Seite 157)

Gemüse: Fritierter Blumenkohl

Nachspeise: diverse Kuchen und die süßen Spezialitäten aus Siena, wie das Marzipangebäck Ricciarelli und der berühmt gewordene Panforte aus Trokkenfrüchten, Mandeln und Spezereien.

So schließt ein arbeitsreiches Jahr mit einem großen, traditionellen Festessen, denn die Küche ist heute wie früher ein wichtiger Bestandteil des Lebens auf dem Lande. Es lohnt sich, köstliche alte Gerichte wieder zu entdecken.

CROSTINI NERI

„Schwarzes" Röstbrot
(La Taverna del Guerrino)

3 Zwiebeln
1 Möhre
1 kleines Bund Petersilie
2 Stengel Staudensellerie
2 EL Öl
500 g Hühnerleber
175 g Milz vom Schwein oder Rind
Salz
100 ml Vin Santo (italienischer Dessertwein) oder Weißwein
50 g Kapern
1 EL Butter
Essig
Sardellenpaste
in Scheiben geschnittenes toskanisches Weißbrot

Das Gemüse putzen, wenn nötig waschen, fein hacken, dann in dem Öl glasig werden lassen (bei geringer Hitze etwa 10 Minuten). Die Leber und die Milz waschen, trockentupfen, Haut und Fett entfernen und in kleine Stückchen schneiden. Das Fleisch mit etwas Salz zum Gemüse geben und etwa 1 - 1 1/4 Stunden bei schwacher Hitze kochen lassen. Wenn alles gar ist, mit dem Vin Santo oder Weißwein ablöschen und wieder einkochen lassen. Die Kapern hinzufügen, dann alles pürieren (Schnellmixstab). Die Masse mit der Butter erwärmen und mit etwas Essig und Sardellenpaste abschmecken. Toskanisches Brot rösten, mit der Paste dick bestreichen und sofort servieren.

Ricchi e poveri

Salat mit weißen Bohnen und Garnelen

Restaurant:
Al Panino Boomba

500 g frische weiße Bohnen (Cannelini)
4 Blätter Salbei
2 Knoblauchzehen
250 g Garnelen (geschält, ohne Kopf)
1 Bund Rauke
1/2 Staudensellerie (Bleichsellerie)
250 g reife Tomaten (in kleine Würfel geschnitten)
Olivenöl
Zitronensaft
Salz
Pfeffer

Die Bohnen mit dem Salbei und dem Knoblauch gar kochen, dann die Garnelen zugeben, nochmals 4 Minuten kochen, abgießen und abkühlen lassen. Das Gemüse waschen und putzen, den Sellerie in Stücke schneiden. Alle Zutaten anrichten und mit Olivenöl, Zitronensaft, Salz und Pfeffer anmachen.

Pollo in gelatina

Huhn in Gelee

(Maria Bialli,
Küche der Villa)

1 küchenfertiges, entbeintes Huhn von ca. 1,5 kg
150 g Hähnchenbrustfilet
300 g mageres Schweinehackfleisch
300 g gekochter Schinken
300 g Schweinefilet
50 g geriebene Trüffel
50 g Pistazien
3 Eigelb
1 Bund Suppengemüse (Zwiebel, Möhre, Staudensellerie, Petersilie)
etwas Schweine- und Lammfleisch für die Brühe
Salz

Für die Füllung das in feine Scheiben geschnittene Hähnchenbrustfilet, das Hackfleisch, den in Streifen geschnittenen gekochten Schinken, das gewürfelte Schweinefilet, die verschlagenen Eigelb, die geriebene Trüffel und die Pistazien zu einer homogenen Masse verarbeiten, mit Salz abschmecken. Das Huhn mit der Masse füllen, die Öffnung mit Küchengarn zunähen, mit Zwirn fest umwickeln und in eine möglichst zylindrische Form drücken. Dann zusammen mit den Hühnerknochen und -resten (Hals usw.), etwas Lamm- und Schweinefleisch und dem geputzten, gewaschenen Suppengemüse 2-3 Stunden in etwa 500 ml (1/2 l) Salzwasser kochen (die Kochzeit richtet sich nach dem Gewicht). Alles langsam in der Brühe abkühlen lassen, herausnehmen und ausdrücken, um die überschüssige Brühe zu entfernen.

Pollo in gelatina

(Fortsetzung Rezept)

Die Brühe durchseihen, entfetten. Jetzt das Huhn von dem Zwirn befreien, diese gründlich in kochendem Wasser waschen und das Huhn erneut darin einwickeln, wieder in die Brühe legen und zum Kochen bringen. Das Huhn herausnehmen, auf einen Teller legen, einen zweiten Teller darauflegen und beschweren. Möglichst 12 Stunden ruhen lassen, damit es sich gut aufschneiden läßt. Das Huhn in dünne Scheiben geschnitten servieren.

TIP: In Italien werden auch Hühnerfüße mit der Brühe gekocht. Die Brühe geliert dann und wird separat zum Huhn serviert, deshalb Huhn in Gelee.

Rezeptregister, italienisch

A
Acciughe condite 120
Acqua Cotta 33
Agnello scottadite 71
Anatra infinocchiata 45

B
Bietola in Umido 93
Bistecca alla Fiorentina 28
Briciolata, La 45
Brodo 150

C/D
Cantuccini 45
Carciofi rifatti 79
Coniglio farcito 108
Cosce e Schiena di Coniglio
al Dragoncello 119
Coulibiac di anatra con salsa
all'arancia 24
Cozze alla Livornese 35
Crema di Fave 103
Crespelle al Basilico 118
Crostini bianchi 35, 69
Crostini di Funghi 138
Crostini Neri 156
Dolce di Ricotta fritta 100

F
Fagioli all'Uccelletto 53
Faraona al Ginepro 34
Faraona alla Castellana 35
Fegatelli di Maiale 41
Fiori di Zucca ripieni 129
Foglie di Bietola lesse 90
Frittata di Cipolla 107
Frittatina al Pomodoro 152
Frittelle di Riso 50
Funghi al Cartoccio 135

G
Ginestra, La 20
Gnocchi di Patate
con Sugo di Carne 155

L
La Briciolata 45
La Ginestra 20
La Ribollita 18
La Scottiglia di Carni con Pane 52
Lepre in Tegame 136

M
Malfatti 66
Minestra di Farro 49
Minestra di Lenticchie 37
Minestrone di Verdura 121

P
Pan dei Santi 149
Pane toscano fatto in Casa 43
Panzanella 17
Pappa con le Erbe maritata 97
Pappardelle al Cinghiale 140
Pappardelle alla Lepre 136
Pappardelle alle Crema di Fave 103
Passato di Fagioli al Tartuffo 56
Pasta fatta in Casa 85
Pasticcio di Selvaggina in Crosta 143
Patate arrosto 109
Pesto alla Livornese 86
Petto di Pollo 125
Piccione arrosto 89
Pinolata 117
Piselli alla Fiorentina 80
Pollo con Prosciutto e Limone 99
Pollo fritto 59
Pollo in Gelatina 157
Pomodori in Vetro 113

R
Ravioli all'Ortolana 82
Ribollita, La 18
Ricchi e Poveri 157

S
Salsa all'arancia 24
Salsa di Fragole 72
Scaloppa di Branzino
impanata alle Olive nere 67
Schiacciata con Uva 123
Scottiglia di Carni con Pane 52
Semifreddo di Maroni 144
Sformato di Baccalà 65
Sformato di Zucchini 102
Stampo di Maccheroni e Prosciutto 141
Sugo di Carne 155
Sugo di Pomodoro 115

T
Tagliata di Manzo alla Rucola 73
Tagliatelle all'Anatra 46
Torta di Cioccolata 151
Tortina di Ricotta in Salsa di Fragole 72
Trippa alla Chiantigiana 131

V/Z
Verdura a pinzimonio 48
Zucchini fritte 153
Zuppa di Zucca Gialla 128
Zuppa Lombarda 37

Rezeptregister, deutsch

A/B
Artischocken in Tomatensauce 79
Bandnudeln mit Ente 46
Bandnudeln mit einer Creme aus dicken Bohnen 103
Bandnudeln mit Hasensauce 136
Bandnudeln mit Wildschwein 140
Bohnenpüree mit Trüffeln 56
Bohnensuppe 18
Brot mit Weinbeeren und Nüssen 149

C/D/E
Crêpes mit Basilikum 118
Dinkelsuppe 49
Eingelegte Sardellen 120
Eingemachte Tomaten 113
Ente mit Fenchelsamen 45
Enten-Coulibiac mit Orangensauce 24
Erbsen nach Florentiner Art 80
Erdbeersauce 72

F
Fladenbrot mit Weintrauben 123
Fleischbrühe 150
Fleischsauce 155
Fleischtopf mit Brot (eine Art Fleischsuppe) 52
Fritierte Reisküchlein 50
Fritierte Zucchini 153
Fritierter Ricotta 100
Fritiertes Huhn 59

G
Gebackene Pilze 135
Gebratene Taube 89
Gefülltes Kaninchen 108
Gegrilltes Lammfleisch 71
Gekochte Mangoldblätter 90
Gekochtes Wasser 33
Gelbe Kürbissuppe 128
Gemüsedip mit Olivenölsauce 48
Gemüsesauce 82
Gemüsesuppe 121
Geschmorter Hase 136

H
Halbgefrorenes mit Maronen 144
Hasensauce 136
Hase, geschmorter 136
Hausgemachte Nudeln 85
Hausgemachtes toskanisches Weißbrot 43
Hühnerbrust-Roulade 125
Huhn in Gelee 157
Huhn mit Schinken und Zitrone 99
Huhn, fritiertes 59

K
Kaninchenschenkel und -rücken in Estragon 119
Kaninchen, gefülltes 108
Kartoffelklößchen mit Fleischsauce 155
Kürbissuppe, gelbe 128
Kutteln nach Art des Chianti 131

L
Lammfleisch, gegrilltes 71
Linsensuppe 37
Lombardische Suppe 37

M
Mandelgebäck 45
Mangoldblätter in Tomatensauce 93
Mangoldblätter, gekochte 90
Maronen, Halbgefrorenes mit 144
Mit Fisch gefüllte Zucchiniblüten 129
Muscheln nach Livorneser Art 35

N
Nudelauflauf mit Schinken 141
Nudeln, hausgemachte 85
Nudelsauce nach Livorneser Art 86

O
Ofenkartoffeln 109
Olivenölsauce 48
Omelett mit Tomatensauce 152
Omelette mit Brot 45
Orangensauce 24

P
Panierte Seebarsch-Schnitzel mit schwarzen Oliven 67
Perlhuhn mit Wacholder 34
Perlhuhn nach Burgfrauenart 35
Pilze, gebackene 135

R
Ravioli mit Gemüsesauce 82
Reisküchlein, fritierte 50
Ricottaklößchen mit Spinat 66
Ricottatörtchen mt Erdbeersauce 72
Ricotta, fritierter 100
Rinderlende mit Rauke 73
Röstbrot mit Pilzen 138
Röstbrot, „Schwarzes" 156
Röstbrot, „Weißes" 35
Röstbrot, „Weißes" auf andere Art 69

S
Salat mit Brot 17
Salat mit weißen Bohnen und Garnelen 157
Sardellen, eingelegte 120
Schokoladentorte 151
„Schwarzes" Röstbrot 156
Schweineleber-Häppchen 41
Stärkungstrank 20
Steak nach Florentiner Art 28
Stockfischauflauf 65
Suppe, Lombardische 39

T
Taube, gebratene 89
Tomatenbrei mit Kräutern 97
Tomatensauce 53, 79, 93, 115, 152
Tomaten, eingemachte 113
Torte mit Pinienkernen 117

W
Weißbrot, hausgemachtes toskanisches 43
Weiße Bohnen in Tomatensauce 53
„Weißes" Röstbrot 35
„Weißes" Röstbrot auf andere Art 69
Wildpastete in Kruste 143

Z
Zucchiniauflauf 102
Zucchiniblüten, mit Fisch gefüllte 129
Zucchini, fritierte 153
Zwiebelomelett 107

Bibliografie

1) Cultura Contadina in Toskana,
Bd. 1 Il lavoro dell'uormo
Bd. 2 L'ambiente e la vita, Firenze 1983

2) Allessandro Falassi, Riccardo di Corato, Pierluigi Stiaccini
Pan che canti, vin che salti, o. A. 1979

3) Giovanni Righi Parenti,
La grande Cucina Toscana, Siena 1976, 2 Bde.

4) Giovanni Righi Parenti,
Guida al Chianti, Milano 1977

5) Maria Bianchi Viviani della Robia,
Fattoria nel Chianti, Firenze 1957

Danksagung

In den folgenden Villen, Burgen und Weingütern durfte liebenswürdigerweise fotografiert werden:
Castello di Brolio
Castello di Fonterutoli
Castello di Meleto
Castello di Uzzano
Fattoria di Ama
Vignamaggio

Umwelthinweis

Dieses Buch wurde auf chlorfrei gebleichtem Papier gedruckt. Die Einschrumpffolie – zum Schutz vor Verschmutzung – ist aus umweltfreundlicher und recyclingfähiger PE-Folie.

Hinweis

Wenn Sie Anregungen, Vorschläge oder Fragen zu unseren Büchern haben, rufen Sie uns an (05 21) 52 06 42 oder schreiben Sie uns:
Ceres Verlag, Am Bach 11, 33602 Bielefeld
Wir antworten umgehend.

Die Rezepte in diesem Buch sind – wenn nicht anders angegeben – für 4 Personen berechnet.

Übersetzung der literarischen Texte: Barbara Engelmann-Bason

Übersetzung der Rezepte: Regine Schenkendorf, Ingrid Martini

Fotos: Siegfried Himmer, Köln, außer Seite 32 Carolyn Martini Pampaloni, Castellina in Chianti

Umschlaggestaltung: Kontur Design, Bielefeld

Innengestaltung: Graphicteam Köln

Redaktion: Carola Reich

Reproduktionen: Pörtner & Saletzki, Bielefeld

Herstellung: Brepols, B-2300 Turnhout

ISBN 3-7670-0363-5